U0274720

微课设计与制作

标准教程

全彩微课版　　钱慎一　石月凤◎编著

清华大学出版社

北京

内 容 简 介

本书内容围绕微课制作展开，以实用高效为写作目的，用通俗易懂的语言对微课设计与制作的相关知识进行详细介绍。

全书共10章，内容涵盖微课概述、微课教学设计策划、PowerPoint课件制作攻略、课件的放映与录制、几何画板攻略、典型的思维导图制作工具、好用的图片处理工具、微课视频录制工具、音频/视频剪辑工具、热门App在微课制作中的应用等。重点内容穿插了"动手练""案例实战""新手答疑"板块。

全书结构编排合理，所选案例贴合微课制作实际需求，可操作性强。案例讲解详细，一步一图，即学即用。本书不仅适合教师、教育类博主等人员使用，还适合作为相关培训机构的参考教材。

图书在版编目（CIP）数据

微课设计与制作标准教程：全彩微课版 / 钱慎一，石月凤编著. —北京：清华大学出版社，2023.5

（清华电脑学堂）

ISBN 978-7-302-63004-3

Ⅰ . ①微…　Ⅱ . ①钱…　②石…　Ⅲ . ①多媒体课件—制作—教材　Ⅳ . ①G434

中国国家版本馆CIP数据核字（2023）第040067号

责任编辑：袁金敏
封面设计：杨玉兰
责任校对：胡伟民
责任印制：朱雨萌

出版发行：清华大学出版社
　　　　网　　　址：http://www.tup.com.cn，http://www.wqbook.com
　　　　地　　　址：北京清华大学学研大厦A座　　　　邮　　编：100084
　　　　社 总 机：010-83470000　　　　　　　　　　邮　　购：010-62786544
　　　　投稿与读者服务：010-62776969，c-service@tup.tsinghua.edu.cn
　　　　质 量 反 馈：010-62772015，zhiliang@tup.tsinghua.edu.cn
　　　　课 件 下 载：http://www.tup.com.cn，010-83470236
印 装 者：天津鑫丰华印务有限公司
经　　销：全国新华书店
开　　本：170mm×240mm　　　印　　张：14.5　　　字　　数：335千字
版　　次：2023年5月第1版　　　　　　　　　　　印　　次：2023年5月第1次印刷
定　　价：59.80元

产品编号：097630-01

前　言

▌编写目的

　　微课设计与制作是一项细致且庞大的工作，包括微课教学设计、脚本设计、素材采集、视频拍摄、视频剪辑、包装发布等多个流程。各个流程相辅相成，共同构建一个完整的微课。制作微课看似简单，但其更是现代互联网时代教师综合能力的体现。所以，一个好的微课是值得教师花时间去精心打磨的。

　　本书以理论与实际应用相结合的方式，从易教、易学的角度出发，详细地介绍微课设计与制作基础理论，及相关软件的基本操作技能，同时也为读者讲解设计思路，让读者掌握分辨好、坏微课的方法，提高鉴赏能力。

▌本书特色

　　● **理论+实操，实用性强**。本书为疑难知识点配备相关的实操案例，使读者在学习过程中能够从实际出发，学以致用。

　　● **结构合理，全程图解**。本书全程采用图解的方式，让读者能够直观地看到每一步的具体操作。

　　● **疑难解答，学习无忧**。本书每章最后安排了"新手答疑"板块，主要针对实际工作中一些常见的疑难问题进行解答，让读者能够及时地处理学习或工作中遇到的问题，同时还可举一反三地解决其他类似问题。

▌内容概述

　　全书共10章，各章内容如下。

章	内　容　导　读	难点指数
第1章	主要介绍微课的基本概念、特点、组成与分类、形式及部分微课制作软件	★☆☆
第2章	主要介绍微课教学设计策划与开发流程，包括教学设计、脚本设计、制作方式、素材采集、视频拍摄剪辑及包装发布等	★★☆
第3章	主要介绍PowerPoint基本操作、幻灯片版式与配色设置、幻灯片六大元素及幻灯片链接设置等	★★★

微课设计与制作标准教程（全彩微课版）

章	内 容 导 读	难点指数
第4章	主要介绍幻灯片的放映与录制，如课件放映类型、录制方法及课件输出等	★★★
第5章	主要介绍几何画板的编辑操作，包括几何画板工具、图形度量与计算及动画制作等	★★★
第6章	主要介绍思维导图软件的相关知识，包括WPS Office脑图设计、其他常用思维导图工具及部分在线思维导图网站等	★★☆
第7章	主要介绍微课制作中图片的获取及处理软件，包括Snagit软件、其他图片处理软件及在线图片处理网站等	★★☆
第8章	主要介绍微课视频的录制工具，包括Camtasia Recorder录制、Camtasia Studio编辑、视频导出及其他常用录屏工具等	★★★
第9章	主要介绍音频及视频剪辑工具，包括音频录制与编辑软件、视频剪辑软件及格式转换软件等	★★☆
第10章	主要介绍制作微课的移动App，包括视频录制App、视频编辑App及投屏App等	★★☆

▌附赠资源

● **案例素材及源文件**。附赠书中用到的案例素材及源文件，扫描图书封底二维码下载。

● **扫码观看教学视频**。本书设计的疑难操作均配有高清视频讲解，读者可以扫描二维码边看边学。

● **作者在线答疑**。作者具有丰富的实战经验，读者在学习过程中如有任何疑问，可加QQ群（群号在本书资源下载资料包中）与作者联系交流。

本书在编写过程中力求严谨细致，但由于时间与精力有限，疏漏之处在所难免，望广大读者批评指正。

编　者

2023年3月

目 录

微课概述

微课教学设计策划

PowerPoint课件制作攻略

课件的放映与录制

几何画板攻略

典型的思维导图制作工具

微课设计与制作标准教程（全彩微课版）

好用的图片处理工具

微课视频录制工具

第9章　音频/视频剪辑工具

第10章　热门App在微课制作中的应用

第1章

微课概述

微课是近几年比较流行的新型教学理念，它以一种短小精悍的形式对教学中的知识点进行介绍，使学习者可以有针对性地进行学习。同时，微课的传播也拓宽了学习者的学习途径，增加了与教师交流学习的机会。

1.1 微课基本概念

随着信息技术的发展，微课也应运而生。微课意味着人们可以通过线上资源和移动设备，随时随地进行碎片化学习，充实自我。

1.1.1 微课是什么

微课是以视频为主要载体的网络教学资源，记录教师在教学过程中以某一个知识点而展开的教学活动。微课也是一种辅助教学的手段，是提供给学习者在短时间内强化学习的教学课程，如图1-1所示。

图 1-1

注意事项 目前国内虽然有很多学者对微课进行了定义和解读，且核心和理念也较为一致，但是还没有形成统一的概念。

1.1.2 微课的特点

微课作为开放式的流媒体教学资源，在制作时需要遵循一定的特点，下面对其特点进行介绍。

1. 教学时间短

微课视频短小精悍，时长一般控制在10min以内，以3~5min为最佳。在这个时间段内学习者的注意力较为集中，能有效地提升学习者学习的积极性。

2. 教学目标明确，针对性强

微课有明确的教学目标，内容精炼，主要为说明某个问题或某个重要知识点而进行讲解，避免了不同知识经验之间的相互干扰。针对性强，能有效帮助学习者加深该知识点的印象。

3. 便于传播

微课文件一般都比较小，且视频格式是支持网络传播的流媒体格式，便于上传与下载，在互联网传播上有着极大的优势。学习者可以自由选择学习方式，学习地点、学习时间不受限制。

4. 自主选择，强化学习

微课可将知识点以学习者不同的学习程度、学习水平进行划分，方便学习者根据自身需求自主选择。另外，微课教学时间短，可反复观看这一特点，方便学习者在有限的时间内进行强化训练。

总之，微课与传统课堂授课相比，更注重针对性。将一个问题、一个知识点讲解透彻，让学习者能够知其因，解其果，提高学习效率。

1.1.3 微课的组成与分类

微课由教学视频及其相关的教学设计、素材课件、教学反思、练习测试、学习者反馈、教师点评等辅助性教学资源组成，这些资源相辅相成，共同组成一个完整的微课。

微课的类型有很多种。按照教学方式，可分为讲授类、问答类、启发类、讨论类、演示类、练习类、实验类、表演类、自主学习类、合作学习类、探究学习类等11种。其中，讲授类应用较为广泛，主要是以讲解知识点的形式来展示。讲解人可以出镜，也可以采用画外音。

按照教学进程，可分为课前预习类、新课导入类、知识理解类、练习巩固类、小结拓展类等。

按照制作技术，可大致分为拍摄型、录屏型、动画型等。

1.1.4 微课的形式

微课是一种新颖的互联网教学方式，可以结合图、文、影、音、动画等多种媒体形式，生动直观地表述课程内容。

1. 图文 /H5 微课

图文微课方便学习者的学习与理解，方便学习者及时抓住课程重点；H5制作的微课在图文微课的基础上增加了更多动效与交互，可激发学习者的学习兴趣。

2. 屏幕录制式微课

屏幕录制型微课主要是对计算机屏幕上的操作进行录制。常用于对某类知识点进行归纳和总结，或者对某个操作技巧进行解释说明。边操作，边解说，可以帮助学习者快速理解和记忆。该类型的微课操作简单，制作效率高，因此比较受教师青睐。

常用的屏幕录制软件有Camtasia Studio、oCam、EV、PowerPoint等。其中PowerPoint是一款极为普遍的办公软件，它在安装与操作上均无太多要求，通过PowerPoint制作微课是教师的常用操作。PowerPoint录制的微课结构简单、表述清晰，搭配旁白信息可以很好地对知识点进行介绍，如图1-2所示。

图 1-2

3. 拍摄型微课

拍摄型微课常用于实验类微课，其专业性相对较高，拍摄前需要提前对拍摄内容、场景、构图、稿本等进行准备；在拍摄过程中对教师的要求较高，容错率低；拍摄后还需进行剪辑操作，使视频内容更精彩，如图1-3所示。

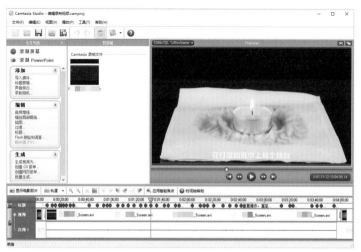

图 1-3

4. 动画型微课

动画型微课是用通俗易懂的语言、故事、图画等方式来解释一些较为抽象的概念，目前较为流行的动画类型是MG动画。这类微课的趣味性比较高，可以寓教于乐，使学习者更深入地沉浸在微课中，从而得到更好的学习效果，如图1-4所示。

图 1-4

1.1.5 微课与传统教学的区别

微课出自传统教学，但又有别于传统教学。微课是通过视频的方式进行授课，课程形式较为灵活，方便网络传播。

1. 时间长短不同

微课的教学时间一般为5~8min，教学内容明确，时间短，学习者的注意力可以很好地集中；而传统课堂的教学时间一般为45min，教学时间较长，学习者的注意力会随着时间的推移有所下降。

2. 关注点不同

微课一般只会讲解某个知识点，注重针对性；而传统教学会以教材章节为脉络，对多个知识点逐一讲解，注重教学的系统性和逻辑性。

3. 上课方式不同

微课学习以在线学习和移动学习为主，这种学习方式可以跨越时间和空间的界限，使不同时间、不同地点的学习者接受相同的教学资源，同时学习者具有极高的自主性，可以自由分配学习时间；而传统课堂的上课方式较为单一，基本以线下教学为主，在课程复盘及传播上较微课有所不及。

注意事项 微课并不能取代传统教学，而是基于传统教学基础之上的一个辅助学习的工具，帮助学习者根据自身情况查漏补缺，巩固薄弱点。

1.1.6 微课在传统教学中的应用

目前，微课已成为一种新型的教学模式。教师会将微课引入课堂教学中，其目的是激发学生学习的积极性，让学生体会到学习的乐趣。

1. 课前自主预习

预习是提高课堂教学的重要组成部分。教师将授课的重点用简易的动画或图片加以引导，制作成微课，让学生课前自主预习，带着疑问在课堂上与教师进行良好的互动，实现"先学后教，以学定教"的课堂教学模式，大大提升课堂教学效率。

2. 课中研究学习

在实验课堂上，由于受条件和时间的限制，教师不可能将所有相关的实验过程都呈现出来，这时就可用视频的方式录制下来并做成微课，让学生反复观看研究，帮助学生理解实验现象和原理，从而提高学习兴趣。

3. 课后巩固复习

在课后使用微课主要是引导学生对课堂中所学的知识加以巩固练习。教师也可以根据学生作业、测试情况制作相关的微课视频，让学生有针对性地进行查漏补缺，举一反三，巩固知识。

4. 提升教学水平

教师之间可通过观看微课视频来进行评课、反思和研究，从而提升自己的教学业务水平。此外，微课可在短时间内开展"无生上课"模式，能够及时收集到他人对自己的教学评价，与常规评课相比，反馈的信息较为真实、客观。

1.2 微课制作三法宝

常见的微课制作方法包括录屏、拍摄以及软件制作等。不同的制作方法需要使用的软件也有所不同，下面对一些常用软件进行介绍。

1.2.1 PowerPoint课件制作

PowerPoint是由微软公司推出的演示文稿软件，如图1-5所示。该软件可以帮助用户快速创建极具视觉吸引力的动态演示文稿。PowerPoint对计算机和系统都没有过高的要求，是微课制作的必备软件之一。

图 1-5

与其他软件相比，PowerPoint具有以下特点。

● 保存方便，便于传播与交流。

● 功能强大，表现形式多样。教师可以结合图、文、音、视、动画等多种元素制作更加生动形象的视频课件。

● 操作简单，初学者也可轻易上手。

1.2.2 Snagit图片截取与编辑

Snagit是一款著名的屏幕捕捉软件，该软件分为捕获面板和编辑器两部分。在微课创作过程中，用户可以使用该软件截取和编辑需要的图片。

1. 捕获面板

捕获面板主要用于设置捕获内容，如图1-6所示。在此可以根据需要选择"全部""图像"和"视频"三种截取方式。

图 1-6

2.编辑器

Snagit编辑器可以编辑捕获的图像，如在图像上添加标注、设置各类效果等。默认捕获图像后可打开Snagit编辑器，如图1-7所示。

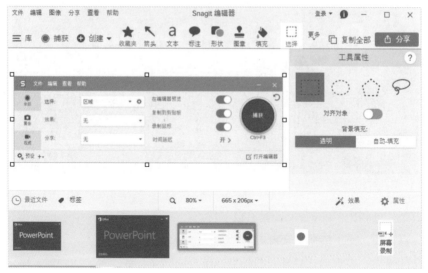

图 1-7

与其他屏幕捕捉软件相比，Snagit具有以下特点。

- **捕捉种类多：**除了静止图像外，该软件还可以捕捉动态的图像和声音，同时可以在选中的范围内只获取文本。
- **捕捉范围广：**该软件可以设置选择区域，用户可以设置选择区域、窗口、全屏或随意进行捕捉。
- **简单的图像编辑：**使用该软件捕捉内容后，将打开编辑器，用户可以在编辑器中简单地处理捕捉的内容，使捕捉的内容更符合创作需要。
- **输出类型多：**处理完成捕捉内容后，可以选择将其输出为文件，或以邮件的方式发送，也可以将其分享到社交平台上。

1.2.3 Camtasia课件录制

Camtasia是一套专业的屏幕录制和视频编辑软件。该软件可以记录屏幕操作，包括影像、音效、光标移动轨迹、配音等。录制结束后，会即时播放录制内容，方便使用者检查错误。文件保存后，还可以对其进行后期剪辑操作。

1. Camtasia Recorder 的工作界面

Camtasia Recorder主要用于录制屏幕动作，如光标的运动、打字、菜单的选择及其他任何可在屏幕上看到的内容。图1-8所示为Camtasia Recorder的工作界面。

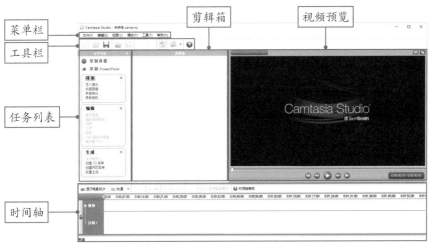

图 1-8

- **菜单栏**：该区域包括一些命令菜单，如捕获、效果、工具等，用户可以单击菜单名称，在下拉列表中执行相关命令进行操作。
- **菜单选择录制区域栏**：用于选择录制区域。用户可以全屏幕录制，也可以自定义录制区域的大小。
- **设置**：用于在录制时设置音频/视频选项。

2. Camtasia Studio 的工作界面

Camtasia Studio主要用于剪辑和编辑视频，如修剪视频内容、调整剪辑速度、添加画面效果、转场等。此外，用户可以根据需要将视频输出为不同的格式。图1-9所示为Camtasia Studio工作界面。

图 1-9

- **菜单栏**：该区域包括文件、编辑、视图等命令菜单，用户可以单击菜单名称，在下拉列表中执行相关命令进行操作。
- **工具栏**：该区域包括一些工具按钮。
- **任务列表**：该区域包括常见的任务列表，如添加素材、编辑素材、视频输出等。
- **剪辑箱**：用于存放音频/视频素材。
- **视频预览**：用于播放剪辑箱或时间轴中的视频。
- **时间轴**：该区域包括时间轴和时间轴工具栏两个部分，时间轴用于对音频/视频素材进行剪辑；时间轴工具栏则包括一些基本编辑选项，如剪切选区、分割等。

新手答疑

1. Q: 微课时长为什么要控制在较短时间内？

　A: 微课的精髓就是短小精悍。较短的教学时间内单纯地介绍某一知识点，可以使学习者更加专注、集中地进行学习，从而加深对该知识点的印象。同时，较短的教学时间可以在学习者注意力集中的时间内完成教学，提高教学效率。

2. Q: 微课就是指时间短的课程吗？

　A: 微课的定义目前在国内还没有统一的概念，不同的学者对其理解和定义也有所不同。胡铁生先生认为："微课又名微型课程，是指以微型教学视频为主要载体，教师针对某个学科知识点/技能点（如重点、难点、疑点、考点等）或教学环节（如学习活动、主题、实验、任务等）而设计开发的一种情境化、支持多种学习方式的在线视频网络课程。"黎加厚教授对微课的定义是："微课程是指时间在10min以内，有明确的教学目标，内容短小，集中说明一个问题的小课程。"焦建利教授则认为："微课是以阐释某一知识点为目标，以短小精悍的在线视频为表现形式，以学习或教学应用为目的的在线教学视频。"

3. Q: 微课必须拍摄录制吗？

　A: 微课的制作方法有很多种，既可以是拍摄的情景课堂，也可以通过录屏软件录制，还可以通过动画制作软件制作。

4. Q: 微课就是单独一个视频吗？

　A: 微课并不是单独的一个视频。"微课"由课堂教学视频及与该教学视频相关的教学设计、素材课件、教学反思、练习测试、学习者反馈、教师点评等辅助性教学资源组成，这些组成部分相辅相成，共同组成了一个完整的"微课"。

5. Q: PowerPoint 怎么录制视频课件？

　A: 在PowerPoint中切换至"插入"选项卡，选择"屏幕录制"按钮，在弹出的面板中设置选择区域后，单击"录制"按钮●即可进行录屏操作。录制完成后按Windows键+Shift+Q组合键关闭录制面板，即可在打开的PowerPoint文档中找到录制的内容。

6. Q: Snagit 怎么仅抓取文本？

　A: 打开Snagit软件后，在"图像"选项卡中设置"选择"为"抓取文本"选项，单击"捕获"按钮进行抓取即可。

第2章

微课教学设计策划

教学设计的策划是微课制作的灵魂步骤，奠定了微课的主题基调，是微课制作的基础。在开始制作微课前，需要根据教学内容策划微课，再根据策划采集素材、拍摄视频并进行剪辑，直至包装发布完整的微课。

2.1　微课教学设计策划

微课教学计划是微课制作前的重要准备步骤，其奠定了微课制作的基础，内容包括教学目标的确立、教学内容的选择、教学模式的构建等。通过微课教学设计策划，用户可以有序地制作微课。

2.1.1　微课设计原则

微课受众对象是学习者，无论出于什么目的来制作微课，其核心原则都是以学习者为中心。微课是以视频为载体，以网络为传播途径，是一种提供给学习者自主观看、自主学习的教学资源。所以，微课质量的好坏，取决于学习者直观的感受。优质的微课，在前期策划设计时需具备以下三个基本条件。

1. 结构完整

虽说微课是零散的知识，但其可以串成一门完整的学科体系。在设计微课内容时，需要处理好零散与整体之间的关系，同时也要对这些零散的知识进行合理的分解，做到思维逻辑清晰、内容架构紧凑、知识点层层递进。

以学习Photoshop软件应用为例，如果第一节课就教新手学员绘制某一张平面设计图，这显然不合理。学员在不熟悉软件工具使用的情况下，直接上手绘制设计图，只会打击学员的积极性，这样的微课无疑是失败的。正确的制作思路是，应先安排几节课介绍Photoshop软件的入门操作，例如软件界面、软件的常用工具操作、工具在设计中的应用等，当学员掌握了一定的绘图基础后，再安排实操案例课程加以巩固。

因此在前期设计时需合理选题，不仅要确保知识结构的完整性，还要考虑到每个知识点之间的连贯性。只有这样，学习者才会将所学知识和新知识主动构建，以获得完整的知识架构。

2. 内容实用

制作微课的最终目的是让学习者做到学以致用。让学生能提升自己的学业；让职场人士能提升现有技能，拓宽知识面。很多教师在制作微课时，会习惯性地站在自己的角度分析问题，却没有充分考虑到学习者的学习需求和视听感受。好的微课，要善于分析学习者的特点，用学习者看问题的思路来引领教学内容的组织。

一般学习者在微课中最想要得到的是知识或技能本身，教师只需结合学习者的兴趣点、疑惑点将教学内容分解为一系列小问题，顺着学习者的问题思路展开讲解，一步步引领学习者深入学习即可。那些与教学内容无关的环节，例如传统课堂教学中的课堂提问、小组讨论、课堂测试等，统统可以省略掉。

3. 内容有趣

微课对学习者自主学习的约束力较差，稍不注意就会走神。为了让微课达到理想的使用效果，在录制时需要注意教学内容的易学性和趣味性。从学习者的兴趣点出发，可以用讲故事的方式引导出本节课要解决的问题和要实现的目标，用通俗易懂的语言来解释复杂抽象的概念。吸引学习者的注意力，加深学习印象。

当然在短短的几分钟内讲好一个故事并不容易，其故事不必面面俱到，只要突出一些细节，例如场景展示、对话的展开等即可。此外还需有戏剧性的冲突，从而达到通过冲突来传递知识点的目的。

知识点拨

> 微课设计在满足了以上三个基本点外，还需要考虑到画面的美观性以及语言的简洁性。如果是用书写板书录制微课，要求书写大方工整，布局合理。如果是用PPT课件录制微课，课件版式需简洁大方，画面颜色需和谐搭配。录制过程中语言表达需要言简意赅，开门见山，切忌照本宣科。

2.1.2 微课教学设计

教学设计是根据课程标准的要求和教学对象的特点，有序安排教学各要素，确定合适教学方案的设想和计划。微课虽然有别于传统课堂，但在制作时也需要进行教学设计，以使制作出的微课更加合理。

1. 确立教学目标

教学目标是微课教学设计的第一步，是教学活动的出发点和最终归宿，决定着微课制作的方向。在确立教学目标时，需要结合学习者的认知水平和心理特点，选择合适的教学目标与教学方法。

2. 选择教学内容

教学内容是教学过程中传递的主要信息，在选择教学内容时，教师要分别从教学和学习者学习的角度考虑，选择适合教学的内容。在创作时可从下面几种角度选择。

- 选题较小，可以在较短的教学时间内完整讲述。
- 从学习者实际出发，教学内容符合学习者的认知水平。
- 聚焦重点要点，突出关键内容，帮助学习者加深记忆。
- 提炼教学内容的内在逻辑，增加微课的系统性与完整性。

3. 构建教学模式

明确了教学目标和教学内容，接下来就要考虑如何教与学的问题了。选择恰当的教学模式，是微课设计环节的一个核心问题。

教学模式是在一定教学思想、教学理论的指导下，为完成特定的教学目标和教学内容，而建立起来的比较稳定的教学活动结构框架和活动程序，具有指向性、操作性、完整性、稳定性以及灵活性等特点。在构建教学模式时，需要根据教学目标和教学内容选择教学模式。

（1）情境化教学

教师可以有目的地设计各种情境，引导学习者将知识点与现实生活建立联系，从而提高学习者对知识点的理解力，实现教学目标。

（2）问题化教学

教师可以将教学目标中的重点和难点转换为问题的形式来呈现，积极引导学习者主动思考、积极探索。以提问解惑的方式串联教学内容。

（3）任务化教学

在微课中搭配学习任务，让学习者在看完教学视频后，能主动去探究与之拓展的知识内容，引导学习者举一反三，这才是学以致用、深度学习的关键。带着任务去学习，其效率会更高。

4. 教学设计的三环节

前面介绍了微课不同于传统课堂教学，要将一个知识点在短短的10min内讲明白、讲透彻，就需在教学的导入、讲授和小结这三个环节进行合理设计与安排。

（1）导入

导入是教学设计的一个重要环节。在讲授新知识点时需要通过某种方式介绍给学习者，其中包括为什么要学习这些内容，这些内容在什么情况下能用到等。精彩的导入方式有助于学习者快速进入学习状态。微课中常用的导入方式有以下几种。

- **情境导入法：** 该导入方式中教师可以通过音乐、文字、动画、图像等内容创建与教学内容相关的学习情境，引发学习者情感上的共鸣，使学习者快速进入学习状态。

- **复习导入法：** 该导入方法中教师可以通过知识点回顾、提问、小结等方式帮助学习者回顾旧知识点，建立新旧知识点的联系，从而进入学习状态。

- **问题导入法：** 该导入方法重在悬念。一般由教师提出一个与教学内容相关的、具有挑战性的问题，使学习者产生疑惑并进行思考，进而产生对教学内容的探索欲。

- **实验导入法：** 该导入方法通过直观的实验引导学生观察、思考、分析实验，激发学习者的学习兴趣和探究欲，帮助学习者在教学过程中保持较高的专注度。

- **案例导入法：** 该导入方法以典型的案例引出教学主题，通过对案例的分析探讨教学内容，使复杂的问题简单化，从而帮助学习者更好地理解教学内容。

- **经验导入法：** 该导入方法以学习者的生活经验为切入点，加深学习者的共鸣，进而更深入地理解教学内容。

在实际制作中，需结合教学内容来选择导入方式。无论选择哪种方式，都要遵循时间短、简明扼要、流畅衔接、目标明确的特点，以符合微课小而精的要求。

注意事项 实际教学活动中还包括很多种导入方式，读者可以自行搜集、比较不同导入方式的优劣特点，再根据需要进行选择。

（2）讲授

导入教学内容后，接下来就需要以流畅的衔接方式进入讲授环节。在这个环节中可以融入教师丰富的教学经验和个性化教学风格，在有限的时间内将知识点进行讲解和展示。

- 在语言方面尽量用精炼、准确的词语进行表达。当然，语言能够风趣幽默，效果会更好。
- 在讲解内容时，思路要清晰明了。简单的内容点到为止，复杂的内容可用直观、形象、通俗易懂的教学手段来展示。例如运用文字、表格、图表、动画、实验、截取视频直播现场等。
- 对于启发性教学，还需要设计恰当的交互环节。

总之，在讲授环节中，教师可以充分发挥自己的教学特长，但要做好内容的提炼，以重点难点内容为主，一定要把控好时间。

（3）小结

在视频结尾预留出1min或0.5min的时间，对整节课的知识点做一个简短的小结，包括重点、难点、易错点的总结，步骤思路的梳理，课后思考或内容引申等，起到点睛或提纲挈领的作用。这个环节必不可少。

5.教学过程设计

教学过程由教和学两部分构成，该过程是指教师和学习者实现教学任务的认识和实践活动过程。在教学过程中教师可采取思维导图的方式来表现，如图2-1所示。

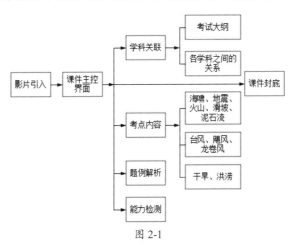

图 2-1

常见的思维导图包括圆圈图、树状图、气泡图、双气泡图、流程图、复流程图、括号图及桥状图8种固定的思维图示，如图2-2所示。这8种思维图示分别有其特殊作用。

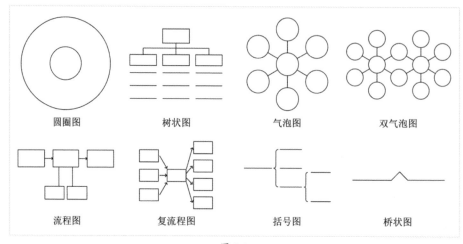

图 2-2

（1）圆圈图

圆圈图可展开一个主题，对其相关事物进行联想与描述，如图2-3所示。小圆为主题，大圆用于放置与主题相关联的事物。该图示多用于训练发散思维，培养思考问题的全面性和全局观。

（2）树状图

树状图主要用于分类或分组，一个主题对应若干个类别，这些类别可再细分为对应各具体事物的罗列，如图2-4所示。利用该图示可将凌乱无序的事物有序地串联起来。

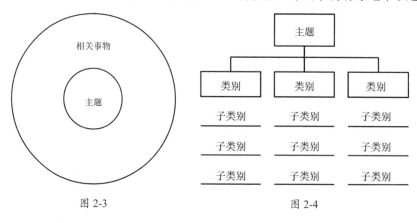

图 2-3   图 2-4

（3）气泡图

气泡图主要用于描述一个概念的特征，如图2-5所示。与圆圈图不同的是，气泡图重在对主题的特征进行描述。通过描述可加深对主题的认知。而圆圈图重在思维扩散，所有能想到与主题相关联的事物都可以归纳进去。

（4）双气泡图

双气泡图用于比较或对照两个事物的相同点和不同点，找出二者的共同之处和差别，更加深入地了解这两个相似的事物间的区别，如图2-6所示。

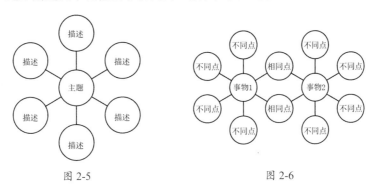

图 2-5　　　　　　　　　　　图 2-6

（5）流程图

流程图常用于表达事物的逻辑顺序或步骤顺序，如图2-7所示。

（6）复流程图

复流程图注重因果关系，常用于分析一起事件所产生的起因及其造成的结果，中间放置主事件，左侧放置事件的起因，右侧放置事件导致的结果。起因与结果可以不是对应的关系，如图2-8所示。

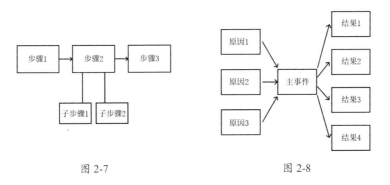

图 2-7　　　　　　　　　　　图 2-8

（7）括号图

括号图可以帮助学习者分析、理解事物整体和部分的关系，如图2-9所示。

（8）桥状图

桥状图主要用于类比、类推，如图2-10所示。在桥形横线的上面和下面写下具有相关性的一组事物，然后根据这种相关性，列出具有类似相关性的事物，形成类比或类推的关系。

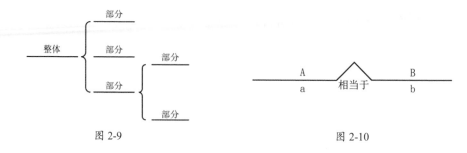

图 2-9   图 2-10

6. 教案编写要点

教案是教师以课时为单位编写的具体教学方案。教案是课前准备的一个组成部分，对于落实教学目标，完成教学任务具有基础性的作用。微课教案不能面面俱到、大而全，而是应该在学科基本知识框架的基础上，对当前急需解决的问题进行研究和探索，应体现教师对该学科领域有价值的学术观点与研究心得。

▎2.1.3　微课脚本设计

微课脚本是指微课的课程大纲，可以确定微课教学内容的发展。在制作微课之前，教师需要先准备脚本，为教学课件的制作提供依据，如图2-11所示。

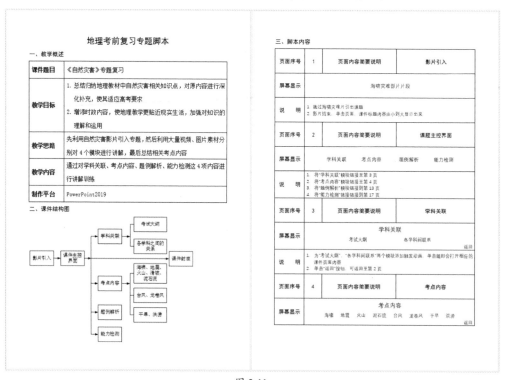

图 2-11

1. 微课脚本的重要性

脚本是微课制作的基础，更是整个微课的灵魂。使用脚本可以更加高效科学地制作微课，使微课的整个环节更加有计划性。好的脚本可以使微课的结构层次更加紧密清晰，并帮助教师对后续的制作了然于胸，从而呈现出引人入胜的微课效果。

2. 编写微课脚本

制作微课脚本时，可以按照以下步骤进行编写。

- 梳理微课整体结构，确定微课构造。
- 对知识点深入总结，确定微课内容。
- 分板块编写，制作课件设计草图。
- 结合实际讲课体验，对脚本进行优化精简。

3. 分镜头脚本格式

分镜头脚本是拍摄工作和后期剪辑的基础，是将文字脚本全部改写成镜头，用镜头的细节描述出来。在现场拍摄时就无须再去想如何拍摄，对照相应的分镜头脚本直接拍摄即可。分镜头脚本是在文字脚本的基础上进行影视语言的再创造，其脚本形式可以采用表格式、画面式等，如表2-1所示。

表 2-1

机号	镜号	景别	摄法	内容	台词	时长	音乐	备注
1								
2								
...								

知识点拨

分镜头脚本中部分专业名词解析如下。

- 镜号：又称镜头顺序号，一般按组成电视画面的镜头先后顺序用数字标出。拍摄时不一定按顺序拍摄，但必须按顺序编辑。
- 机号：机号代表现场拍摄时这一镜头是由哪一号摄像机拍摄。
- 景别：一般包括远景、全景、中景、近景、特写等多个类型，在拍摄时可以选择不同的景别，以反映对象的整体或突出局部。

▌2.1.4 微课制作方式

制作微课的方式多种多样，常见的有使用DV录制、手机拍摄以及计算机屏幕录制。制作者可以根据微课类型选择合适的制作方式。

1. 使用 DV 录制

DV录制是常见的一种微课制作方式。该拍摄方式不受场地限制，拍摄方式较为灵活，既可以由多人合作完成拍摄，也可以一人完成。

拍摄之前，制作者需提前准备好数码摄像机、三脚架、麦克风等拍摄工具及其他教学用具，然后根据设计好的脚本进行拍摄录制。拍摄完成后，通过视频剪辑软件添加片头片尾、字幕、音乐等素材，并对录制的视频进行编辑美化，从而制作出符合要求的微课视频。

注意事项 使用DV拍摄时，可以选择多机位拍摄，便于视频的一次录制成功，且可保证后期剪辑中具有充足的视频素材。

2. 手机拍摄

手机拍摄是较为普遍的一种微课制作方式。该拍摄方法对设备的要求低，技术难度相对也较低，且不受场地限制，一般教师在家里或教室都可以进行拍摄制作，普及性较高。

拍摄之前，制作者需要提前准备好手机支架、手机等拍摄工具，及其他教学用具，然后再进行拍摄。拍摄完成后，可以通过相关的视频编辑App对拍摄素材进行处理修饰，再进行上传分享。

3. 计算机屏幕录制

计算机屏幕录制也是一种常见的微课制作方式。该制作方式操作简单、便捷，个人在计算机上即可轻松实现。常用的录屏方式包括PPT屏幕录制和Camtasia录制两种，制作者可以根据需要进行选择。

（1）PPT屏幕录制

PowerPoint 2016及以上版本新增了屏幕录制的功能，通过PowerPoint屏幕录制功能，用户可以录制计算机屏幕区域的画面内容及音频内容，录制结束后系统会自动将录制的视频插入至当前幻灯片中，如图2-12所示。也可以将插入的视频另存为单独的文件，以便于微课制作。

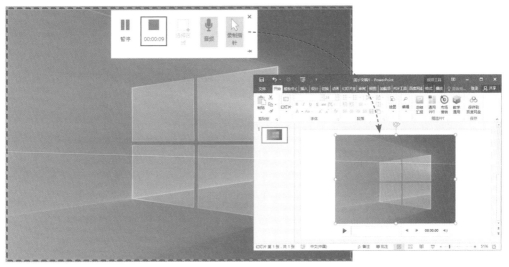

图 2-12

（2）Camtasia录制

Camtasia是一套专业的屏幕录像及编辑软件。该软件中的Camtasia Recorder工具专门用于录制视频。在工作界面中设置参数后单击"录制"按钮，倒计时完成后即可开始录制，如图2-13所示。

图 2-13

知识点拨

除了PowerPoint屏幕录制功能及Camtasia Recorder工具外，用户还可以选择其他的一些录屏软件录制屏幕内容，如EV录屏、oCam屏幕录像软件等，根据自己需要选择合适的软件即可。

2.2 微课开发流程

教学方案及脚本制作完成后，接下来就进入微课制作环节了。无论是采用DV录制、手机拍摄的方式，还是用屏幕录制的方式，都要经过采集素材、课件制作、视频录制、视频剪辑以及包装发布这5个流程来制作。

2.2.1 采集素材

制作微课常常会用到大量的文字、图片、声音、视频等教学素材，这就需要制作者在制作微课之前收集多种多媒体素材资源，再进行整理加工，使其满足微课制作的需要。

1. 素材收集

不同素材收集的方式也不同。

（1）文字

若文字内容较少，可以通过键盘直接输入。如果文字内容较多，可以使用语音识别，或者文字识别软件来输入文字。此外，还可在互联网中下载需要的文字内容。

（2）图片

图片可以更加形象地展示内容。图片素材的收集方式有以下5种。

● 利用Snagit等截图软件截图保存。

● 利用扫描仪等设备扫描获取。

● 利用数码相机等设备拍照获取。

● 利用Photoshop、Illustrator、CorelDRAW等图像软件制作。

● 利用互联网资源下载。

图片收集后，还可以通过Snagit、PowerPoint、Photoshop等软件进行编辑处理，使图片更加符合微课制作需要。

（3）音频

音频可以添加微课画面的生动性。音频素材的收集方法有以下3种。

● 利用录音机等设备录制。

● 从现有视频素材中剥离音频。

● 利用互联网资源下载。

（4）视频

视频是最具有表现力的多媒体素材，常见的流媒体视频格式包括AVI、MOV、MP4等。视频素材的收集方法有以下两种。

● 利用数码摄像机等设备拍摄。

● 通过软件下载互联网在线资源。

微课设计与制作标准教程（全彩微课版）

流媒体可以在网上即时传输影音以供观赏。流媒体是将一连串的媒体数据压缩后，以流的方式在网上分段发送数据，从而实现边下载边播放的效果。

（5）动画

动画具有生动、有趣的特点，在微课设计中适当地添加动画素材可以增加微课的趣味性，吸引观众的注意；同时，动画还可以展现现场无法拍摄的场景效果。动画素材的收集方式有以下两种。

● 使用Animate、几何画板、PowerPoint等软件自行制作。该方式的优点是自由度高，可以根据微课内容制作，但制作难度较高。

● 互联网资源下载。该方式的优点是操作简单，但需耗费较多时间搜索符合制作需要的素材。

2. 素材管理

收集素材后，可按照不同的属性将素材分类，以便后续查找使用。如文字素材、图片素材、视频素材等；还可以根据微课的类别分类，如教学类、实验类、观赏类等。

3. 素材使用

使用素材时，要根据微课的内容选择合适的素材，然后深入浅出地利用素材解说微课。同时，可以通过类比、排比的方式，帮助学习者更好地理解并掌握微课的知识点。制作的微课内容要避免仅出现一类素材，如纯文字、纯图片微课等，以免微课枯燥，降低学习者的阅读兴趣。

2.2.2　课件制作

制作课件是微课制作流程中的重要环节。课件中融合的图像、文字、声音、动画等元素可以辅助教师讲授一些难以理解的知识点。此外，课件有提纲挈领的作用，帮助教师在授课过程中避免出现跑题或忘词等现象。

在制作微课课件时，需注意以下几点。

1. 只展示核心内容

课件中只需展示本节课最重要的内容，其他细枝末节的内容可以通过老师的语言或动作表达出来。内容版式简洁大方，色彩搭配统一和谐，如图2-14所示。

注意事项 切忌课件中不要出现图片或文字的堆砌，否则学习者无法提炼到内容重点。此外，不要对着课件一字一句地读，这样的课程对学习者是没有吸引力的。

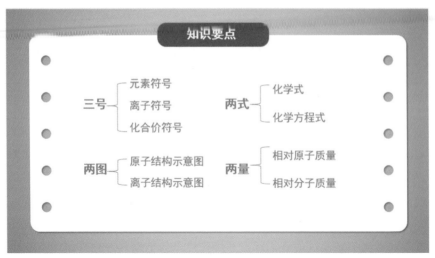

图 2-14

2. 图文并茂、动静结合

在课件中尽量使用图文并茂的方式来展现关键内容，这样教师讲得轻松，学习者也能一目了然。此外，充分利用课件中的动态功能，将动态画面和静态画面有机结合，从而增强课件的趣味性，图2-15所示是利用几何画板中的动画功能讲解函数知识。

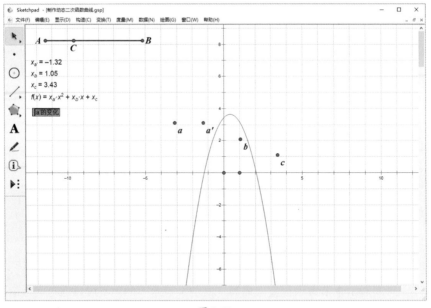

图 2-15

3. 操作简单方便

课件设置要简便、灵活，方便教师现场操作。在课件画面中设置好明确的菜单按钮或链接图示，以方便切换指定的页面。

2.2.3　视频录制

视频录制是微课制作的核心环节。录制的途径多种多样，可通过DV摄像机或手机拍摄，也可以通过录屏软件录制，教师可根据教学内容和学习对象来选择。

1. 用DV或手机录制

录制场地可以是教室、录播室等，录制现场需要光线充足，环境安静、整洁，避免在镜头中出现与课程无关的内容，以免分散学习者的注意力。此外，在整个教学过程中，教师要适当与镜头有眼神交流，身姿体态自然、大方即可。

知识点拨

首次在镜头前授课，大部分教师都会紧张。毕竟镜头前讲课和课堂讲课是两码事，这就需要教师做好心理调节，做好充分的课前录制准备。在录制时想象自己面前是一群认真上课的学生，尽快让自己进入课堂授课的状态，紧张感就会自动消失了。

2. 用屏幕录制软件录制

市面上的录屏软件有很多，选择一款自己熟悉且顺手的软件来录制。在开始录制前，调整好屏幕中的显示内容，确保话筒能正常录音，并调整好话筒声音的大小，即可开始录制。

在录制过程中，要利用鼠标的单击和拖曳来配合解说，做到音画同步。可适当使用画笔功能圈释重点内容。在讲解知识点时，不要照着课件内容读，要表述出自己的想法和见解。此外，教师吐字要清晰，用词要准确，声音要明亮，把控好语速和节奏，该停顿时要停顿，好让学习者有反应的时间。

如果教师头像需要出现在画面中，那么教师就要随时注意自己与摄像头的距离，确保镜头能看到整个头部。

2.2.4　视频剪辑

视频录制完成后就可进入后期剪辑环节，该环节包括剪辑、配音、字幕等操作。

1. 剪辑内容

剪辑是指对素材进行剪切、分割、组合等操作。剪辑时应使画面内容符合视觉习惯和认知规律，使剪辑出的微课视频更加流畅自然，具有表现力。

（1）粗剪

粗剪主要用于搭建内容的基本结构。只需要按照教学计划排列组合好视频内容，例如剪掉口误、重复、表达不清晰的内容，使其有一定的结构即可。

（2）精剪

精剪是对粗剪视频进行再加工，在粗剪的基础上对画面效果进行细化，调整视频节奏和氛围。重复多次，直至剪出满意的视频效果。

2. 音画关系

视频中的画面与声音关系分为以下3种。

- **音画同步**：指声音与画面一致。音画同步可以提高课堂的感染力，增强微课的真实感。
- **音画分立**：指声音和发声体不在同一画面中，例如画外音。音画分立可以扩展画面内容，更加富有感染力。
- **音画对位**：强调声音和画面相互对立，产生特殊效果，例如反讽等。

3. 字幕设置

字幕可以直观地展示微课内容，便于观众理解与学习。常见的字幕种类包括片头字幕、片尾字幕、对白、说明词等。

- 片头字幕放置于课程开始前，其内容包括课程名称、主讲人信息，一般用静态文字展现即可。片头字幕停留的时间为6~10s。
- 片尾字幕一般放置于课程结束后，其内容包括制作单位、版权信息等。
- 对白是指教师和学习者交流的内容，对白注重规范性，字体、字形要稳重，一般选择系统自带的字体即可。颜色上要便于识别，易于观众观看。
- 说明词是指说明性文字，一般用于强调视频中重点的内容和信息。

2.2.5　包装发布

包装是微课发布前的最后一个环节。通过包装可以提升微课的吸引力，使其更具趣味性和可观赏性。

1. 包装效果

适度的包装可提升微课的价值，方便学习者的记忆与理解。微课视频包装包括片头片尾的制作及特效的制作。

片头片尾是微课视频中重要的内容之一。片头可以吸引观众的注意力，帮助观众沉浸在微课内容中；而片尾则可以展示更多的微课内容信息，包括课程的制作信息及一些辅助性信息。

同时，微课制作者还可以通过一些软件，如After Effects、Photoshop、Maya等制作一些特效效果，丰富微课内容。

2. 发布运营

微课包装完成后，就可以选择合适的发布平台准备上传发布。发布平台可以选择自己构建或购买、租借等方式。

（1）自己构建

若微课发布者属于规模较大的机构，那么可以选择自己构建微课平台。这种方式虽然周期较长，但是构建的微课平台可以完全符合自己的需要，并和现有资源完美对接。

（2）购买

购买是一种较为方便的方式。微课发布者可以选择一个成熟的微课平台，购买其账号进行发布运营。这种方式的优点是成本低且开发周期短。因此，大多数的制作者会选择以购买平台的方式来操作。

（3）租借

租借是指通过一些免费或花费较少的平台来发布运营微课。该方式便于推广与宣传。其缺点是保密性和实用性差，功能单一化。

1. Q：微课的选题如何选择才好？

A： 微课的特点是短小精悍，在确定选题时，应选择较集中的知识点，方便教师在较短的时间内讲清该知识点。用户也可以选择拆分的方式，将一个大的知识点拆分为多个小知识点，再以此制作系列微课，增加微课之间的内在逻辑，加深学习者的记忆。

2. Q：制作微课时，脚本可有可无吗？

A： 脚本是微课制作的基础。在制作微课之前，好的设计脚本可以使教师更加有条理地准备微课需要用到的东西，避免制作过程中出现问题，从而达到较高的制作效率；在拍摄过程中，脚本也可以减轻教师的创作压力，使教师可以一种更加轻松的状态制作微课。

3. Q：拍摄时镜头中的全景、中景、近景及特写是什么意思？

A： 全景可以拍摄人物全身，并利用背景烘托氛围；中景可以拍摄人物膝盖以上部分的画面，有利于显示人物的形体动作；近景可以表现人物胸部以上或者景物局部面貌的画面，有利于表现人物的面部或者其他部位，常用于表现人物神态和情绪；特写可以放大人物的面部、人体或物体的一个局部，突出局部细节。在拍摄时，可以结合不同景别的镜头，制作出特殊的蒙太奇效果。

4. Q：微课制作流程是什么？

A： 微课制作的流程一般包括选题设计、脚本设计、视频录制、素材搜集、后期编辑和输出6个步骤。

5. Q：什么是线性编辑和非线性编辑？

A： 视频剪辑分为线性编辑和非线性编辑两种。线性编辑是一种磁带的编辑方式，该方式必须按时间顺序从头到尾进行编辑，局限性较高，做不到随机存取；非线性编辑是目前较为主流的一种编辑方式，是一种数字化编辑方式，工作基本上都依靠计算机完成，可以突破单一的时间顺序编辑限制，且信号质量高、制作水平高。

6. Q：拍摄时，是直接收音还是后期进行配音？

A： 如果拍摄环境较为安静，可以选择现场收音的方式，该种方式的声音更加真实生动，充满感染力；若拍摄环境达不到要求，则可以选择后期配音的方式。

第3章

PowerPoint课件制作攻略

PowerPoint是制作微课的常用软件之一。该软件具有极强的表现力，在微课制作上有着重要的作用。通过PowerPoint软件，用户可以集成丰富的多媒体素材，制作精彩的微课课件，从而呈现极佳的视觉效果。

3.1 幻灯片基本操作

PowerPoint演示文稿由幻灯片组成，每张幻灯片都是演示文稿中相互独立又相辅相成的内容。在微课制作领域，PowerPoint具有着不可替代的作用。

3.1.1 新建幻灯片

幻灯片是演示文稿制作的基础，使用PowerPoint制作课件时，首先要学会新建幻灯片。常用的新建幻灯片方式有以下4种。

- 在"开始"选项卡或"插入"选项卡中单击"新建幻灯片"按钮 。
- 在导航窗格中右击，在弹出的快捷菜单中执行"新建幻灯片"命令。
- 在导航窗格中选中幻灯片，按Enter键可快速创建相同版式的幻灯片。
- 按Ctrl+M组合键可快速新建幻灯片。

3.1.2 移动与复制幻灯片

移动和复制幻灯片是幻灯片制作的基础。移动幻灯片可以调换幻灯片的顺序，使演示文稿排列更加整齐；复制幻灯片则可以快速制作出相同的幻灯片，提高工作效率。

1. 移动幻灯片

在导航窗格中选择好所需幻灯片，按住鼠标左键拖曳至目标位置即可，如图3-1所示。移动后，幻灯片左侧的编号也会随之发生变化。

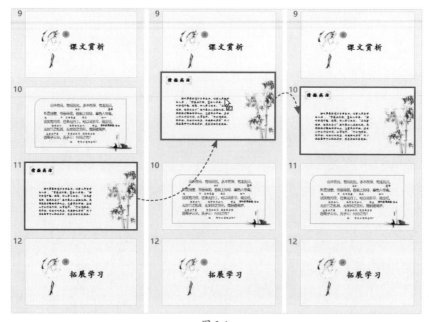

图 3-1

2.复制幻灯片

选中幻灯片，按Ctrl+C组合键复制，移动光标至目标位置单击，按Ctrl+V组合键粘贴即可，如图3-2所示。

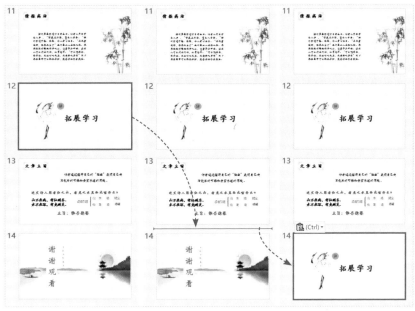

图 3-2

此外，右击所需幻灯片，在弹出的快捷菜单中选择"复制幻灯片"选项，可在当前幻灯片下一页复制当前幻灯片，如图3-3所示。

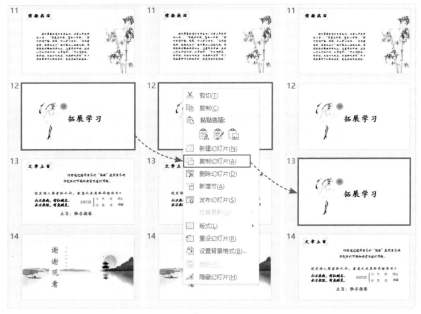

图 3-3

3.1.3　设置幻灯片页面大小

幻灯片页面大小是可以根据需要进行调整的。单击"设计"选项卡中的"幻灯片大小"下拉按钮，在弹出的列表中选择预设尺寸，或选择"自定义幻灯片大小"选项，打开"幻灯片大小"对话框设置尺寸参数，如图3-4所示。设置完成后单击"确定"按钮即可。

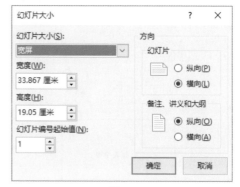

图 3-4

注意事项 PowerPoint 2016版和2019版默认以宽屏（16∶9）页面显示。

动手练 创建模板文档

PowerPoint软件提供了多种模板文件，用户只需下载相应的模板文档，并在此基础上创建内容，即可提升课件制作效率。

Step 01 打开PowerPoint软件，在模板界面中选择所需模板，或者在搜索栏中选择模板关键字，例如选择"教育"关键字，如图3-5所示。

图 3-5

Step 02 在"新建"界面中选择教育类模板，单击即可进入该模板下载界面，单击"创建"按钮，如图3-6所示。

图 3-6

Step 03 稍等片刻，系统就会自动打开下载的模板文档，在此用户可进行课件内容的创建，如图3-7所示。

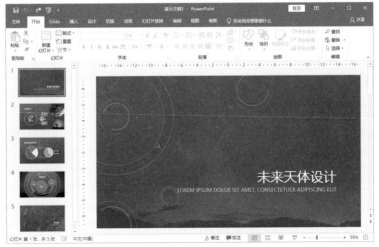

图 3-7

3.2 设置幻灯片版式及配色

幻灯片不仅要具备实用性，还需具备美观性。用户可以通过设置幻灯片的背景、颜色、版式等内容使幻灯片更加有条理且美观。

▌3.2.1 幻灯片背景设置方式

幻灯片背景可以帮助用户统一页面版式。PowerPoint中的页面背景可以分为纯色、渐变、图片和图案4种类型。

1. 纯色背景

纯色背景看上去简洁大方且非常干净，能够很好地突出主题内容。在"设计"选项卡中单击"设置背景格式"按钮，在"设置背景格式"窗格中选中"纯色填充"单选按钮，并选择好"颜色"即可，如图3-8所示。

注意事项 设置纯色背景时，不宜选择较为鲜艳的颜色，此类颜色比较刺眼，不适合长时间观看。

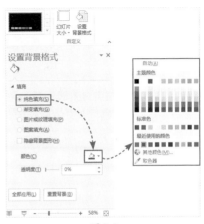

图 3-8

2. 渐变背景

渐变背景具有较强的节奏感和审美情趣。在"设置背景格式"窗格中选中"渐变填充"单选按钮，然后设置渐变即可，如图3-9所示。设置渐变背景时，颜色应控制在2~3种，且尽量避免选择互补色，影响画面美观。

3. 图片背景

图片背景可以快速丰富页面内容，使幻灯片页面更具观赏性。在"设置背景格式"窗格中选中"图片或纹理填充"单选按钮，单击"文件"按钮，打开"插入图片"对话框，选择合适的背景图片，单击"插入"按钮即可，如图3-10所示。设置图片背景时，应选择清晰且与主题内容相符的图片。

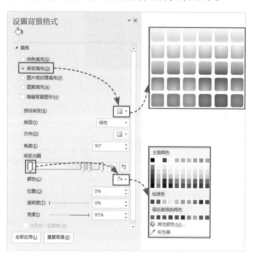

图 3-9

图 3-10

4. 图案背景

图案背景比较丰富，具有一种简约美。在"设置背景格式"窗格中选中"图案填充"单选按钮，并在"图案"列表中选择所需图案，设置好"前景"色和"背景"色即可，如图3-11所示。

注意事项 设置图案背景时，应避免选择夸张的图案，以免喧宾夺主，影响课件内容的显示。

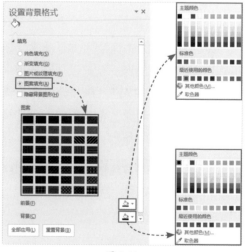

图 3-11

3.2.2 幻灯片版式类型

PowerPoint中预设了标题幻灯片、标题和内容、节标题、两栏内容、比较、仅标题、空白、内容与标题、图片与标题、标题和竖排文字、竖排标题与文本等11种幻灯片版式。其中默认幻灯片版式为"标题幻灯片",如图3-12所示。

图 3-12

1. 套用预设版式

选中幻灯片,在"开始"选项卡中单击"版式"下拉按钮,在弹出的列表中选择版式即可,如图3-13所示。

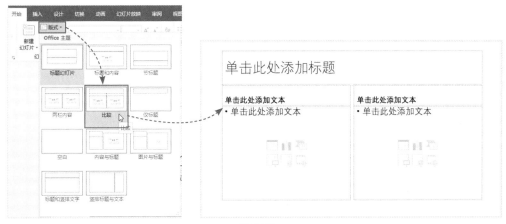

图 3-13

版式中的文本框叫占位符,占位符又分为不同的类型。单击文本占位符后即可输入文本内容。单击其他按钮可打开对话框插入相应的文件。

2. 利用母版修改版式

幻灯片母版是存储模板信息的幻灯片,通过使用母版,可以批量处理幻灯片,使其具有统一的外观样式。

选择"视图"选项卡，单击"幻灯片母版"按钮，即可打开母版视图界面。在母版视图界面中，第1张幻灯片为母版页，其余幻灯片为版式页。在母版页中的操作将应用至其他版式页中，如图3-14所示。而在版式页中的操作将仅应用于该版式，如图3-15所示。

图 3-14

图 3-15

设置完成后，单击"幻灯片母版"选项卡中的"关闭母版视图"按钮，即可返回至普通视图界面。在"开始"选项卡中单击"新建幻灯片"按钮，选择修改后的版式应用，即可看到更改后的效果。

3.2.3 幻灯片快速配色

幻灯片配色是课件版式统一的关键因素。在制作幻灯片课件时，用户可以利用主题或配色工具两种方式快速配色。

1. 利用主题快速配色

启动PowerPoint软件，创建一个主题模板。在"设计"选项卡的"变体"选项组中单击"其他"下拉按钮，在弹出的列表中选择"颜色"选项，在打开的颜色列表中选择配色方案，此时模版中的颜色已发生了变化，如图3-16所示。

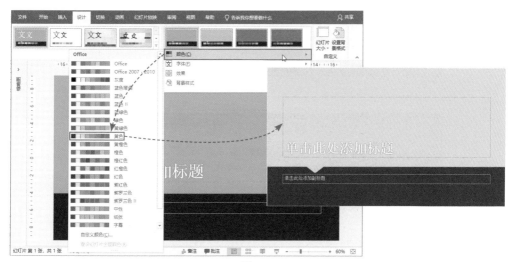

图 3-16

每一套主题都有比较成熟的版式和配色方案。主题创建完成后，若对当前的主题颜色不满意，可使用以上方法进行快速配色。每套主题配置了23种配色方案，用户可以根据需要自行选择。

2. 利用配色工具快速配色

除了主题色外，用户还可以通过第三方配色工具，选择合适的配色方案进行应用。以Adobe Color CC在线配色工具为例，在搜索引擎中搜索"Adobe Color CC配色"关键字，找到该网站并进入网站界面，如图3-17所示。

界面正中为色环，色环下方为配色方案及具体的色值。在左侧的色彩规则列表中选择色彩类型，如选中"单色"单选按钮，然后拖动色环中的取色点并指定一个主色，色环下方即会匹配相应的配色方案，如图3-18所示。

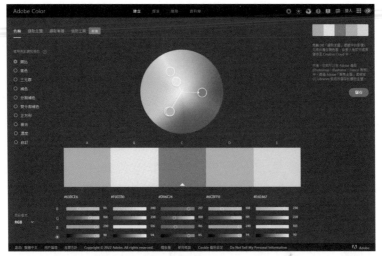

图 3-17

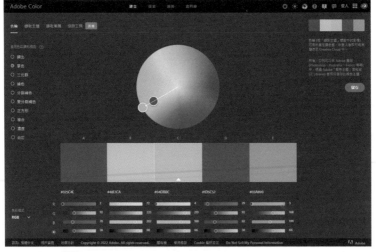

图 3-18

获取配色方案的色值后，在幻灯片中选择所需元素，在"绘图工具-格式"选项卡中单击"形状填充"下拉按钮，在弹出的列表中选择"其他填充颜色"选项，打开"颜色"对话框，在"自定义"选项卡中输入色值，即可将配色方案运用到幻灯片中，如图3-19所示。

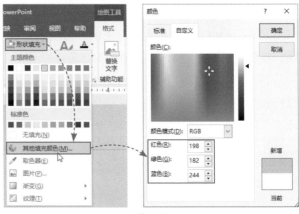

图 3-19

动手练 设置幻灯片背景

幻灯片背景可以丰富画面内容，使课件更加吸引观众。下面利用幻灯片母版功能统一设置幻灯片背景。

Step 01 新建演示文稿，在"视图"选项卡中单击"幻灯片母版"按钮，进入幻灯片母版界面。选择第1张母版页，在"幻灯片母版"选项卡中单击"背景样式"下拉按钮，在弹出的列表中选择"设置背景格式"选项，打开"设置背景格式"窗格，如图3-20所示。

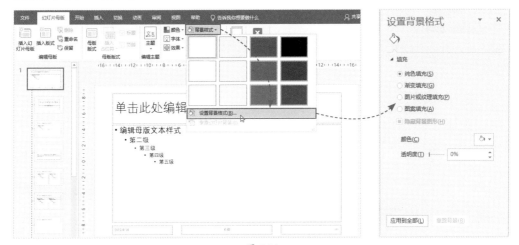

图 3-20

Step 02 选中"图片或纹理填充"单选按钮，并单击"文件"按钮，在"插入图片"对话框中选择背景图片，单击"插入"按钮，将其插入幻灯片背景中，如图3-21所示。

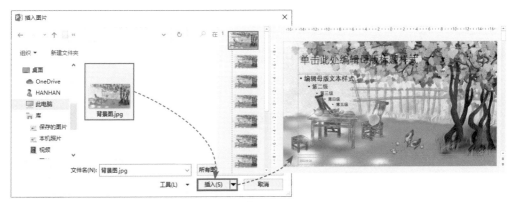

图 3-21

Step 03 在"插入"选项卡中单击"形状"下拉按钮，在弹出的列表中选择矩形后，使用鼠标拖曳的方法，在页面中绘制出矩形，如图3-22所示。

Step 04 将矩形设置为白色，透明度为7%。复制矩形，并调整各矩形的大小，使其铺满整个页面，如图3-23所示。

图 3-22

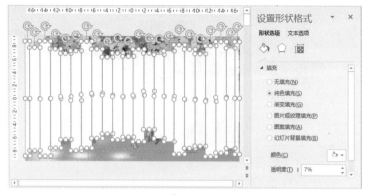

图 3-23

Step 05 全选矩形，按Ctrl+G组合键将所有矩形进行组合。关闭母版视图，返回至普通视图界面。单击"新建幻灯片"下拉按钮，在弹出的列表中选择相应的版式，即可新建幻灯片，如图3-24所示。

图 3-24

3.3 设置幻灯片元素

幻灯片中除了可以添加文字，还可以添加其他元素，例如图片、图形、音频、视频等。灵活利用这些元素可丰富课件内容，提升课件的可读性。

3.3.1 文字元素

使用文字可以很好地体现课件内容，表达创作者的制作思路。文字设置包括字体、大小、颜色等。

1. 字体

不同的文字字体，给人的感觉也不一样。每种字体都有着其独特的气质。如黑体在气质上偏向于严谨沉稳，而宋体字体则更偏向于温文尔雅，如图3-25所示。

图 3-25

在制作课件时，可根据内容的不同选择风格契合的字体。如将卡通类字体应用于儿童课件；将书法类字体应用于古典文学鉴赏课件；将手写类字体应用于艺术类课件等。

注意事项 课件中的字体最多不超过三种。过多的字体会使页面变得凌乱，内容不易识别。

2. 字号

字号是指文字的大小。合理地设置文字大小，会使画面主次分明、有条理，如图3-26所示。

图 3-26

3. 颜色

除了字体与字号外，可通过改变文字颜色突出显示重点内容，如图3-27所示。要注意的是，字体颜色应与画面色调相匹配，颜色不宜过多。

图 3-27

3.3.2 图片元素

图片可以直观地表现教学内容，美化页面效果。制作课件时，用户可对收集到的图片素材进行处理，使其满足制作需要。

1. 插入图片方法

插入图片的方法有以下两种。

- **插入本机图片**：将文件夹中的图片直接拖入页面中，或在"插入"选项卡中单击"图片"按钮，打开"插入图片"对话框，选择图片后单击"插入"按钮即可。
- **插入屏幕截图**：找到合适的图片后，在"插入"选项卡中单击"屏幕截图"下拉按钮，在弹出的列表中选择"屏幕剪辑"选项，此时软件将自动最小化，并以半透明状态显示桌面屏幕，拖曳光标截取图片，完成后，被截取的图片将自动插入页面中，如图3-28所示。

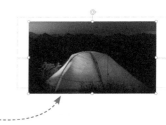

图 3-28

2. 图片处理技巧

插入图片后，可对图片进行基本的处理，例如调整图片大小、设置图片色调、设置图片效果或外观样式等。

（1）裁剪图片

选择图片，在"图片工具-格式"选项卡中单击"裁剪"按钮，图片周围将出现裁剪点，拖动其中一个裁剪点至合适位置，单击图片外一点即可完成裁剪操作，如图3-29所示。

图 3-29

（2）调整图片效果

在"图片工具-格式"选项卡的"调整"选项组中，单击"更正"下拉按钮，在弹出的列表中可以调整图片的亮度及对比度；单击"颜色"下拉按钮，在弹出的列表中可以调整图片的色调、饱和度及为图片重新调色；单击"艺术效果"下拉按钮，在弹出的列表中可以为图片添加艺术效果。

（3）设置图片外观样式

在"图片工具-格式"选项卡的"图片样式"选项组中，可为图片添加预设的外观样式。此外，通过单击"图片边框""图片效果"及"图片版式"按钮可对当前样式进行自定义设置，如图3-30所示。

图 3-30

（4）删除图片背景

PowerPoint 2016及以上版本中新增的"删除背景"功能，可以很好地帮助用户抠取所需的图片内容。

选择照片后，在"图片工具-格式"选项卡中单击"删除背景"按钮，随即进入"背景消除"选项卡，如图3-31所示。此时软件会自动识别图片背景区域并突出显示。通过单击"标记要保留的区域"按钮➕或"标记要删除的区域"按钮➖可以调整要删除的区域，单击"保留更改"按钮✔即可完成背景的删除操作，如图3-32所示。

图 3-31

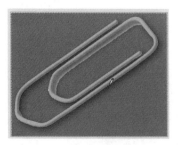
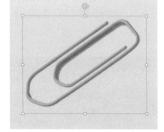

图 3-32

3.3.3 图形元素

PowerPoint的图形工具有很强的可塑性，用户可以根据要求轻松绘制出任意想要的图形效果。

1. 插入图形

在"插入"选项卡中单击"形状"下拉按钮，在弹出的列表中选择所需图形后，在页面中拖曳光标即可绘制该图形，图3-33所示为绘制的等腰三角形。

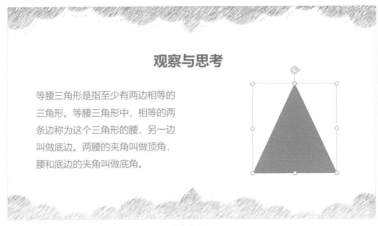

图 3-33

将光标移动至图形上方圆点处，按住鼠标左键不放并拖曳可微调该图形，如图3-34所示。

图 3-34

知识点拨

SmartArt图形是一种特殊的图形。在"插入"选项卡中单击SmartArt按钮，打开"选择SmartArt图形"对话框，选择合适的SmartArt图形样式后，单击"确定"按钮，即可绘制SmartArt图形。其中"层次结构"选项中的样式即是常说的流程图。

2. 变换图形

如果在图形列表中没有合适的图形，那么用户可以先绘制一个基本图形，然后再进行更改。常用的图形变化的方式有以下两种。

（1）编辑顶点

选择图形后在"绘图工具-格式"选项卡中单击"编辑形状"下拉按钮，在弹出的列表中选择"编辑顶点"选项，此时被选择的图形四周会显示可编辑的顶点。选择任意顶点后拖动手柄至合适位置，释放手柄即可看到图形的变化，如图3-35所示。

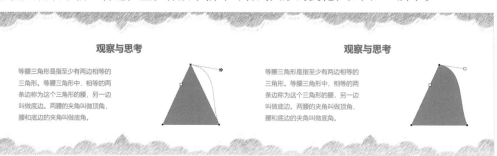

图 3-35

（2）合并形状

合并形状是指将多个图形进行合并或拆分后，生成的一个新图形。选择多个图形，在"绘图工具-格式"选项卡中单击"合并图形"下拉按钮，在弹出的列表中选择所需选项即可，图3-36所示为选择不同选项所生成的图形效果。

图 3-36

3. 美化图形

选择图形后在"绘图工具-格式"选项卡中单击"形状填充"下拉按钮，在弹出的列表中可以对图形的颜色进行设置，如图3-37所示。

单击"形状轮廓"下拉按钮，在弹出的列表中可以对图形的轮廓样式进行设置，如图3-38所示。

单击"形状效果"下拉按钮，在弹出的列表中可以为图形添加阴影、发光、棱台等效果，如图3-39所示。

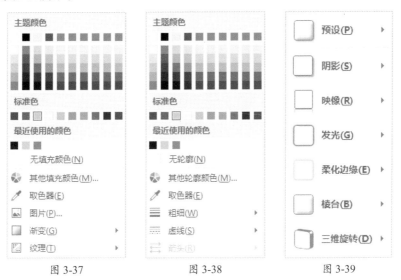

图 3-37　　　　　图 3-38　　　　　图 3-39

3.3.4　表格元素

表格可以直观地展示数据信息，帮助观众快速获取重要信息。同时，表格还可以帮助排版，使幻灯片页面更加整齐。

1. 插入表格

常用的插入表格的方法有以下两种。

- **快速插入表格：** 在"插入"选项卡中单击"表格"下拉按钮，在弹出的列表中滑动选择表格的行数和列数，并单击确认即可。
- **对话框插入表格：** 在"插入"选项卡中单击"表格"下拉按钮，在弹出的列表中选择"插入表格"选项，打开"插入表格"对话框，设置表格的行数和列数后单击"确定"按钮即可。

2. 编辑表格

创建表格后，通过"表格工具-布局"选项卡的相关按钮对表格的样式和结构进行调整。如插入行或列、调整行高或列宽、合并或拆分单元格等，如图3-40所示。

图 3-40

3. 美化表格

在"表格工具-设计"选项卡"表格样式"选项组中预设了多种表格样式，用户可以直接套用这些样式，以达到快速美化的目的，如图3-41所示。

图 3-41

▎3.3.5　动画元素

动画可使课件中的对象呈现出动态效果，为枯燥的课件增添一种灵动之美。PowerPoint为用户提供了4种基本动画类型，分别为进入、强调、退出及动作路径，如图3-42所示。

图 3-42

这4种基本动画的作用分别如下。

● **进入**：该类型动画是对象从无到有、逐渐出现的动画过程。

● **强调**：该类型动画可以对课件中的一些重点内容进行强调，加深学生的记忆。

● **退出**：该类型动画与进入动画作用相反，是对象从有到无、逐渐消失的动画过程。

● **动作路径**：该类型动画可以让对象按照设定好的动作路径进行运动的动画效果。

如需添加动画效果，可先选中对象，在"动画"选项卡"动画"选项组中选择合适的动画即可。

3.3.6 音、视频元素

视听元素可以在生理和心理上满足观众的双重需求。合适的音频、视频元素可以烘托课堂气氛。

1. 音频元素

课件中的音频可以分为背景音、音效及录制声音3种。其中背景音乐适用于自主阅读的课件；音效适用于音乐课件及幼儿教学课件；而录制声音适用于所有课件，教师可以根据微课内容自行录制。不同音频的编辑操作方法基本一致。

（1）插入音频

在文件夹中选择音频文件后直接拖曳至幻灯片页面中即可，此时页面中将出现 ◀ 图标，如图3-43所示。

图 3-43

用户也可以直接使用PowerPoint软件录制音频，录制的音频会自动插入幻灯片页面。在"插入"选项卡中单击"音频"下拉按钮，在弹出的列表中选择"录制音频"选项，打开"录制声音"对话框，设置好名称，如图3-44所示。单击● 按钮开始录音，结束后单击■按钮停止录音。单击"确定"按钮，录制的声音即插入幻灯片页面。

图 3-44

（2）剪辑音频

选中插入的音频图标 ◀，在"音频工具-播放"选项卡中单击"剪裁音频"按钮，在打开的对话框中，拖动起始滑块和终止滑块即可，如图3-45所示。

图 3-45

（3）设置音频播放模式

默认情况下，放映课件时需要单击播放器中的 ▶ 按钮才可以播放声音。用户也可以设置在放映时自动播放声音。在"音频工具-播放"选项卡中将"开始"设置为"自动"选项即可，如图3-46所示。

图 3-46

2. 视频元素

使用视频可以更直观地描述无法用语言来说明的问题。

插入视频的方式与插入音频类似。将视频文件直接拖曳至幻灯片页面中即可。视频插入后，可以通过"视频工具-播放"选项卡中的"剪裁视频"按钮修剪视频。单击"开始"下拉按钮，在弹出的列表中选择"自动"选项，即可将当前视频的开始方式设置为"自动"，如图3-47所示。

图 3-47

视频的开始方式有两种，分别为"自动"和"单击时"。

- **自动：** 选择该选项后，当放映至该幻灯片时，软件将自动播放该视频。
- **单击时：** 选择该选项后，当放映至该幻灯片时，需在视频中任意处单击以播放该视频。

动手练 制作课件标题幻灯片

下面为课件添加标题幻灯片。

Step 01 打开"课件"素材文件。选中第1张幻灯片，切换到幻灯片母版视图界面。确保选择第2张版式页幻灯片，勾选"隐藏背景图形"复选框，隐藏矩形组合，如图3-48所示。

图 3-48

Step 02 单击"背景样式"下拉按钮，在弹出的列表中选择"样式1"背景，将该幻灯片背景设置为白色，如图3-49所示。

Step 03 关闭幻灯片母版视图界面，返回到普通视图。绘制并复制矩形，调整好各矩形的大小，让其错落有致，如图3-50所示。

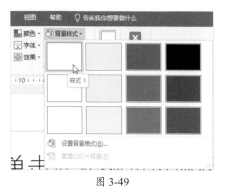

图 3-49

图 3-50

Step 04 将矩形进行组合。右击组合后的矩形，在弹出的快捷菜单中选择"设置形状格式"选项，如图3-51所示。

Step 05 在打开的设置窗格中选中"图片或纹理填充"单选按钮，单击"文件"按钮，打开"插入图片"对话框选择图片，将其填充至矩形中，如图3-52所示。

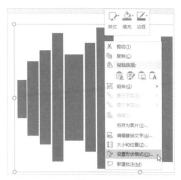

图 3-51

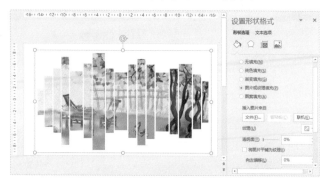

图 3-52

Step 06 再插入一个矩形，并将其颜色设置为白色，放置在页面合适位置，如图3-53所示。

图 3-53

Step 07 在"插入"选项卡中单击"文本框"下拉按钮,在弹出的列表中选择"横排文本框"选项,使用鼠标拖曳的方法绘制文本框,并输入文字,如图3-54所示。

图 3-54

Step 08 选择该文本框中的文字,在"字体"选项组中设置文字的字体、字号、颜色等,如图3-55所示。

Step 09 选中文本框,在"段落"选项组中单击"分散对齐"按钮,将以文本框的长度进行分散对齐,效果如图3-56所示。

图 3-55

图 3-56

Step 10 使用相同的方法绘制文本框并输入文字,如图3-57所示。

Step 11 选中文字框与白色矩形,按Ctrl+G组合键将其组合即可。至此课件标题幻灯片制作完毕,效果如图3-58所示。

图 3-57

图 3-58

3.4 幻灯片链接设置

链接功能可将当前页面直接跳转到指定的页面，以方便教师在讲课时快速查找到有关教学内容。

▍3.4.1 课件内部链接

在幻灯片页面中选择要设置链接的文本内容，在"插入"选项卡中单击"超链接"按钮，打开"插入超链接"对话框。在"链接到"列表中选择"本文档中的位置"选项，在"请选择文档中的位置"列表中选择目标幻灯片，如图3-59所示。

图 3-59

单击"确定"按钮，此时添加链接的文本下方出现下画线，如图3-60所示。在放映过程中单击该链接项即可跳转到目标幻灯片。

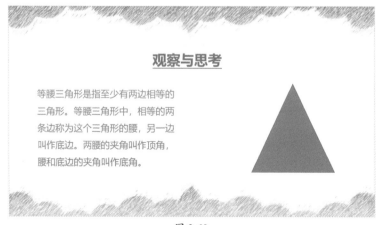

图 3-60

知识点拨

链接创建后，若想对链接内容进行修改，可以右击链接对象，在弹出的快捷菜单中选择"编辑链接"选项，打开"编辑超链接"对话框重新设置即可。

▌3.4.2 课件外部链接

外部链接的添加方式与内部链接类似。选中要创建链接的对象后，打开"插入超链接"对话框，在"链接到"列表中选择"现有文件或网页"选项，然后选择文件或输入网址链接即可。

▌3.4.3 添加动作按钮

在"插入"选项卡中单击"形状"下拉按钮，在弹出的列表中选择"动作按钮"中的形状进行绘制，绘制完成后将自动打开"操作设置"对话框，在该对话框中单击"超链接到"下拉按钮，在弹出的列表中选择要链接的幻灯片，如图3-61所示。

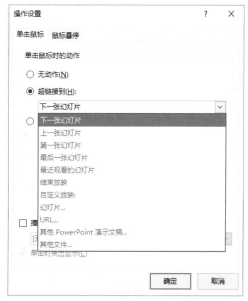

图 3-61

完成后单击"确定"按钮，即可完成动作按钮的链接设置，如图3-62所示。

图 3-62

案例实战：制作语文课件

本实例综合以上所学知识点来制作一份《雨巷》语文课件，其中涉及的功能有形状绘制与编辑、母版的应用、文字格式的设置以及链接功能的应用。

Step 01 新建空白演示文稿。删除页面中的文本框，使用矩形工具，在页面中央绘制一个矩形。打开"设置形状格式"窗格，将"填充"设置为"无填充"，将"线条"设置为"实线"，并将其颜色设置为蓝色，线宽为1.5磅，如图3-63所示。

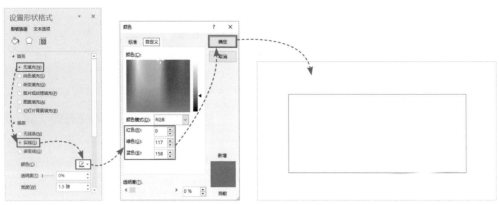

图 3-63

Step 02 使用相同的方法，绘制一个颜色填充为蓝色的矩形，如图3-64所示。

Step 03 插入一个横排文本框，并输入标题内容，如图3-65所示。

图 3-64

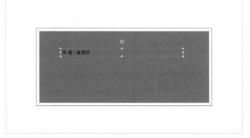

图 3-65

Step 04 选择该标题文字，设置好其字体、字号以及颜色，结果如图3-66所示。

图 3-66

Step 05 按照同样的方法，输入副标题，并设置文字的格式，结果如图3-67所示。

Step 06 选中第1张幻灯片，并将其进行复制，创建一张结尾幻灯片，修改标题文字，并调整好文字的大小，如图3-68所示。

图 3-67

图 3-68

Step 07 选择第1张幻灯片，按Ctrl+M组合键新建幻灯片。在"开始"选项卡中单击"版式"下拉按钮，在弹出的版式列表中选择"空白"版式，如图3-69所示，创建一张空白版式的幻灯片。

Step 08 打开母版视图界面。选择"空白"版式页，如图3-70所示。

图 3-69

图 3-70

Step 09 将文件夹中的素材图片拖曳至页面中，调整至合适位置与大小，如图3-71所示。

图 3-71

Step 10 插入一个矩形，并将其颜色设置为蓝色，填充为"无填充"，线条为"实线"，宽度为6磅。同时复制矩形，调整好大小，并将其宽度设为1.5磅，其他参数不变，如图3-72所示。

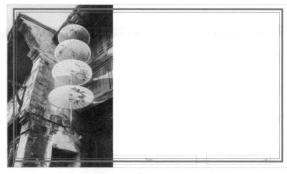

图 3-72

Step 11 关闭母版视图，返回到普通视图界面。选中第2张幻灯片，利用文本框输入目录页内容，并调整好其文字的格式，结果如图3-73所示。

图 3-73

Step 12 利用直线工具，绘制一条直线，并将其颜色设置为蓝色，宽度为3磅，放置在数字编号与文本之间，如图3-74所示。

图 3-74

Step 13 在第2张幻灯片下方创建"空白"版式的幻灯片，输入课件内容，并设置好其文字格式，如图3-75所示。

图 3-75

Step 14 选中内容文本框，右击，在弹出的快捷菜单中选择"段落"选项，打开"段落"对话框。设置"特殊格式"和"行距"，单击"确定"按钮，完成段落格式的设置，如图3-76所示。

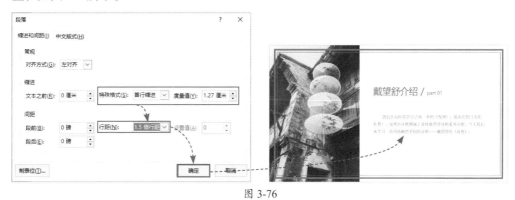

图 3-76

Step 15 按照以上相同的制作方法，制作第3~12张幻灯片内容，结果如图3-77所示。

图 3-77

Step 16 选择第4张幻灯片，在"形状"列表中选择五角星形状，在页面右下角绘制五角星，并将其轮廓设置为无轮廓，颜色设置为蓝色，如图3-78所示。

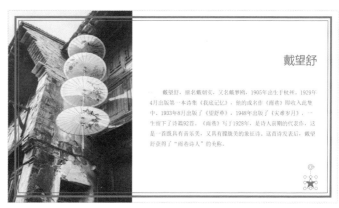

图 3-78

Step 17 选中绘制的五角星，在"插入"选项卡中单击"动作"按钮，打开"操作设置"对话框，选中"超链接到"单选按钮，在其下拉列表中选择"幻灯片"选项，打开"超链接到幻灯片"对话框，选择"幻灯片2"选项，单击"确定"按钮，返回至"操作设置"对话框，单击"确定"按钮，如图3-79所示。

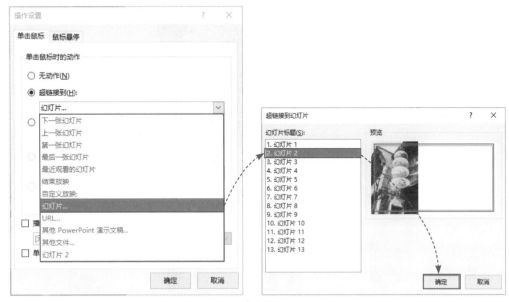

图 3-79

Step 18 选中五角星动作按钮，按Ctrl+C组合键复制。选择第8张幻灯片，按Ctrl+V组合键粘贴复制的对象，如图3-80所示。

图 3-80

Step 19 继续在第10张和第12张幻灯片中分别粘贴五角星按钮。

Step 20 选择第2张幻灯片,选中"戴望舒介绍"文本框,在"插入"选项卡中单击"超链接"按钮,打开"插入超链接"对话框,选择"本文档中的位置"选项,然后在"请选择文档中的位置"列表中选择"幻灯片3"选项,单击"确定"按钮,添加超链接,如图3-81所示。

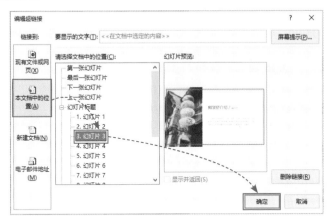

图 3-81

Step 21 同样使用链接方式,将"初步感知诗歌《雨巷》"文本框链接到"幻灯片5";将"丁香姑娘的象征含义"文本框链接到"幻灯片9";将"诗歌艺术特色"文本框链接到"幻灯片11",完成目录页的链接设置,如图3-82所示。至此,语文课件制作完成。

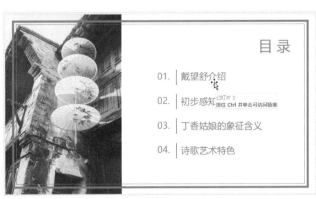

图 3-82

1. Q：怎么隐藏暂时不用的幻灯片？

A： 在导航窗格中需要隐藏的幻灯片上右击，在弹出的快捷菜单中选择"隐藏幻灯片"选项，此时，该幻灯片序号会显示反斜线，说明该幻灯片已被隐藏。若想取消隐藏，只需在该幻灯片上右击，在弹出的快捷菜单中再次选择"隐藏幻灯片"选项即可。

2. Q：复制幻灯片，其主题色为什么会发生变化？

A： 新建PPT文件时，新建的文档都有默认的主题色，若两个PPT文档都使用了主题，那么复制PPT中的幻灯片至另一个PPT中时，复制内容会自动适应当前文档的主题色。用户可以通过改变主题色，即在"变体"选项组中单击"其他"下拉按钮，在弹出的列表中选择"颜色"选项，重新设置主题颜色即可。

3. Q：横排文字怎么改成竖排？

A： 选中横排文本框，在"开始"选项卡中单击"文字方向"下拉按钮，在弹出的列表中选择"竖排"选项，然后调整文本框的大小即可。

4. Q：添加触发动画时，"触发"按钮不能用怎么办？

A： 在为对象添加触发动画时，需要先为该对象添加一个进入动画效果，然后再启用"触发"按钮添加触发器。

5. Q：如何取消所有幻灯片的切换动画？

A： 选择其中一张幻灯片，在"切换"选项卡中的切换效果列表中选择"无"选项，然后单击"计时"选项组中的"全部应用"按钮，即可取消所有幻灯片的切换动画。

6. Q：在页面中选择图形后，"链接"按钮为什么不可用？

A： 一般图片、图形等元素都可以添加链接，但若选中的图形是组合图形，那么就需要将图形取消组合后，再进行链接设置操作，否则"链接"功能不可使用。

7. Q：怎么批量选择 PowerPoint 中的元素？

A： 按住鼠标左键拖曳框选或移动光标至目标附近，当光标变为十字形状时按住Ctrl键不放并单击，选择多个需要选择的元素即可。

第4章
课件的放映与录制

  课件制作的最终目的是用于演示和放映。PowerPoint 2016及以上的版本还支持屏幕录制功能，方便教师直接录制微课内容，操作简单方便，容易上手。此外，教师也可将录制的视频输出成各种不同格式，以满足不同学习者观看的需求。

4.1　了解课件放映类型

在正式授课之前，教师需要对课件进行仔细调试，以保证课件能正常放映。根据放映场地的不同，可以选择合适的放映方案。

4.1.1　课件放映模式

PowerPoint软件中包括演讲者放映（全屏幕）、观众自行浏览（窗口）及"在展台浏览（全屏幕）"3种放映类型。

1. 演讲者放映（全屏幕）

"演讲者放映（全屏幕）"是默认的放映类型。该放映类型具有较高的灵活度，在放映过程中，用户可以使用鼠标、翻页器及键盘来控制幻灯片的放映。

在"幻灯片放映"选项卡中单击"设置幻灯片放映"按钮，打开"设置放映方式"对话框，选中"演讲者放映（全屏幕）"单选按钮，即可切换至该放映类型。按F5键，可快速进入全屏放映，如图4-1所示。

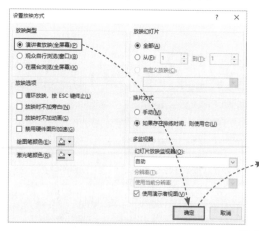

图 4-1

在放映过程中，单击界面左下角工具栏中的墨迹按钮，在打开的列表中，可以选择墨迹添加的类型和颜色，如图4-2所示。

选择后即可在幻灯片中对重点内容进行标记，如图4-3所示。如想清除这些标记，在列表中选择"橡皮擦"选项将其清除即可。

图 4-2

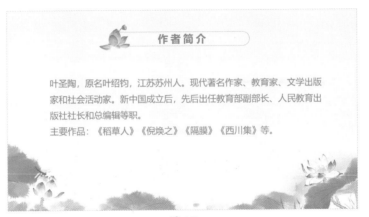

图 4-3

知识点拨

放映结束后，按Esc键，在打开的对话框中单击"放弃"按钮，可清除所有标记。

在工具栏中单击 按钮，可切换到幻灯片缩略视图，单击某张幻灯片即可播放，如图4-4所示。

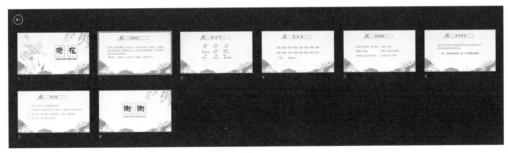

图 4-4

在工具栏中单击 按钮，进入放大视图界面，单击所要放大的区域即可放大显示，如图4-5所示。

图 4-5

在工具栏中单击 按钮，在打开的列表中选择"显示演示者视图"选项，可进入演示者视图界面，如图4-6所示。

如果是将计算机中的课件投影到大屏幕中放映，那么使用该放映方式是比较合适的。演示者视图界面只会在自己计算机中显示，而观众在大屏幕看到的只有左侧放映窗口的画面。在右侧备注栏中会显示当前幻灯片的备注信息，以便提示演讲者讲解相关内容。

图 4-6

2. 观众自行浏览（窗口）

"观众自行浏览（窗口）"放映类型适用于自主学习类课件。在放映过程中，观众可以通过单击"动作"按钮或链接实现自由观看操作。在"设置放映方式"对话框中选中"观众自行浏览（窗口）"单选按钮，即可切换至该类型。按F5键会以窗口方式进行放映，如图4-7所示。

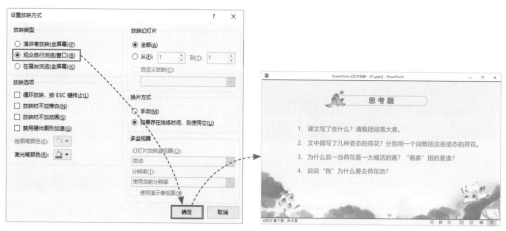

图 4-7

3. 在展台浏览（全屏幕）

"在展台浏览（全屏幕）"是一种自动放映方式。该方式需要预先设定每张幻灯片的换片时间。在"设置放映方式"对话框中选中"在展台浏览（全屏幕）"单选按钮，即可切换至该方式。按F5键幻灯片会以全屏方式进行自动放映，如图4-8所示。该方式在放映过程中是无法通过鼠标进行任何操作的，只能按Esc键退出放映状态。

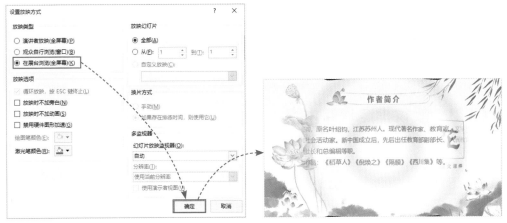

图 4-8

4.1.2 课件放映方式

"从头开始"和"从当前幻灯片开始"是两种幻灯片放映的方式。

在导航窗格中任选一张幻灯片，单击"幻灯片放映"选项卡中的"从头开始"按钮或按F5键，系统将自动从第1张幻灯片开始，按顺序依次放映所有幻灯片，如图4-9所示。

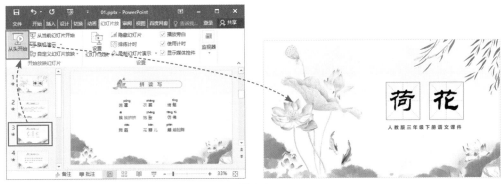

图 4-9

若想从指定的某张幻灯片开始放映，可以在"幻灯片放映"选项卡中单击"从当前幻灯片开始"按钮，或按Shift+F5组合键，即可从当前选中的幻灯片开始依次放映，如图4-10所示，直到放映结束为止。

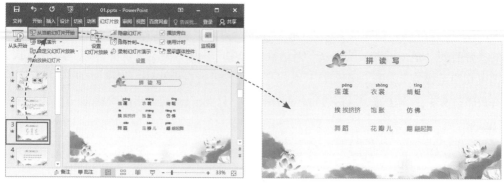

图 4-10

4.1.3 放映指定课件内容

通过自定义放映功能，可以有选择性地放映课件中的某几张内容。在"幻灯片放映"选项卡中单击"自定义幻灯片放映"下拉按钮，在弹出的列表中选择"自定义放映"选项，即可打开"自定义放映"对话框，单击"新建"按钮，可打开"定义自定义放映"对话框，如图4-11所示。

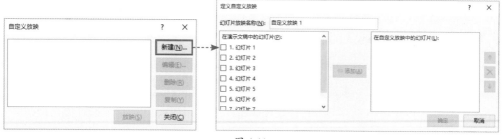

图 4-11

设置完成"幻灯片放映名称"后，在左侧的"在演示文稿中的幻灯片"列表框中选择需要放映的幻灯片，单击"添加"按钮，被选择的幻灯片会添加至右侧"在自定义放映中的幻灯片"列表框中，如图4-12所示。

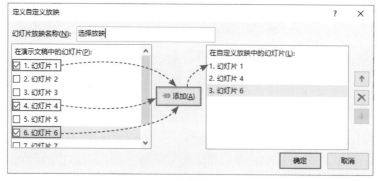

图 4-12

"在自定义放映中的幻灯片"列表中选择幻灯片，单击"向上"或"向下"按钮，可以调整该幻灯片在自定义放映中的放映顺序。单击"删除"按钮可以删除选中的幻灯片。单击"确定"按钮，可切换至"自定义放映"对话框，单击"放映"按钮，系统会按照设定依次放映，如图4-13所示。

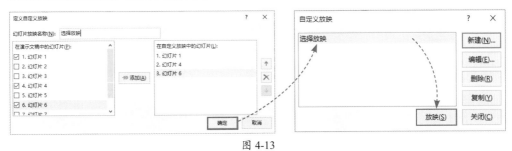

图 4-13

关闭"自定义放映"对话框后，若想放映自定义的放映内容，可在"幻灯片放映"选项卡中单击"自定义幻灯片放映"下拉按钮，在弹出的列表中选择设置的放映名称即可。

▌4.1.4　自动放映课件

排练计时可设定每张幻灯片的放映时间，并根据设定的时间自动放映课件内容。在"幻灯片放映"选项卡中单击"排练计时"按钮，课件将进入放映状态并打开"录制"窗口，如图4-14所示。

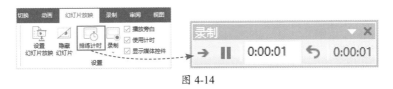

图 4-14

在录制窗口中单击"下一页"按钮 → 可切换至下一张幻灯片，并开始重新计时。完成所有幻灯片计时后，单击"关闭"按钮，打开提示对话框，询问"是否保留新的幻灯片计时？"，单击"是"按钮退出计时模式，如图4-15所示。

图 4-15

返回至普通视图模式。单击状态栏中的"幻灯片浏览"按钮 ⊞⊞ 切换至浏览界面，此时每张幻灯片右下角将显示计时时间，如图4-16所示。在放映幻灯片时，系统会按照每张幻灯片的计时时间自动进行放映。

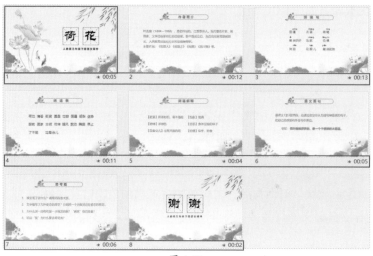

图 4-16

知识点拨

除了排练计时外，用户还可以选择"切换"选项卡，在"计时"选项组中勾选"设置自动换片时间"复选框，并设置自动换片时间，从而设置每张幻灯片的放映时间。

动手练 设置幻灯片自动放映

幻灯片自动放映可以控制课件的放映时间，使教师做到胸有成竹。下面结合排练计时功能，介绍幻灯片的自动放映。

Step 01 打开《二元一次方程课件》素材文件，在"幻灯片放映"选项卡中单击"排练计时"按钮，课件将进入放映状态，并打开"录制"窗口，如图4-17所示。

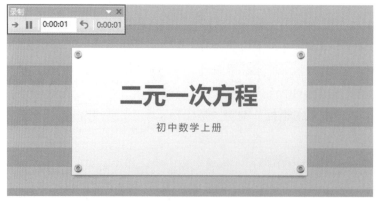

图 4-17

Step 02 按照阅读速度，单击页面，切换至第2张幻灯片，如图4-18所示。

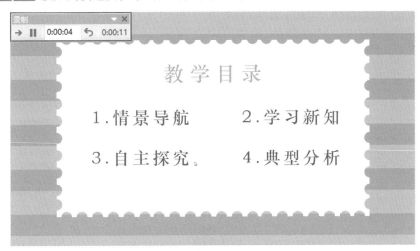

图 4-18

Step 03 继续切换幻灯片，直至最后一张，如图4-19所示。

图 4-19

Step 04 完成后，单击"关闭"按钮，在打开的提示对话框中单击"是"按钮退出计时模式，如图4-20所示。

图 4-20

Step 05 单击状态栏中的"幻灯片浏览"按钮，切换至浏览界面。此时每张幻灯片右下角将显示计时时间，如图4-21所示。

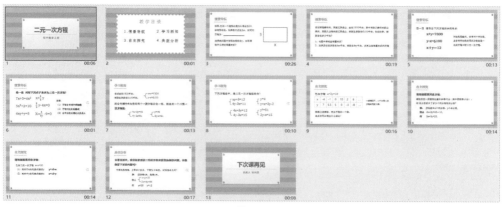

图 4-21

Step 06 单击"幻灯片放映"选项卡中的"从头开始"按钮，系统将自动从第1张幻灯片开始按顺序放映幻灯片，如图4-22所示。至此，完成幻灯片自动放映的设置。

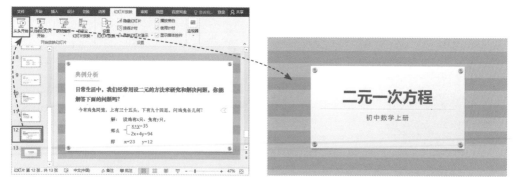

图 4-22

4.2 录制课件内容

PowerPoint 2016及以上版本新增了屏幕录制的功能，通过该功能可以很方便地录制教学视频。

4.2.1 启动屏幕录制

在"插入"选项卡中单击"屏幕录制"按钮，此时系统会自动最小化PowerPoint软件，并将屏幕半透明状态显示，同时屏幕顶端会显示录制工具栏。使用鼠标拖曳的方式框选出要录制的区域，如图4-23所示。如果需要调整录制区域，可单击"选择区域"按钮重新框选。

单击工具栏中的"录制"按钮，进入倒计时状态，如图4-24所示。3秒倒计时结束后即开始录制。

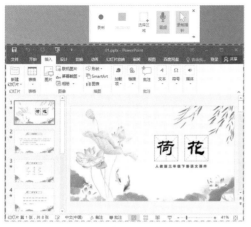

图 4-23   图 4-24

录制结束后，单击工具栏中的"停止"按钮，或按Windows键+Shift+Q组合键停止录制，同时系统会自动将录制的视频插入至当前幻灯片中，如图4-25所示。

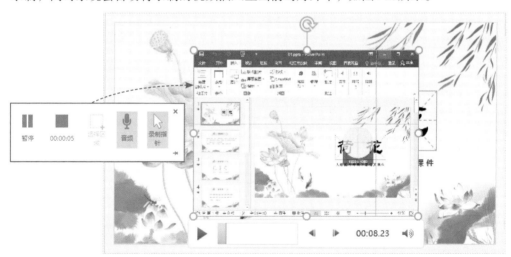

图 4-25

知识点拨

在录制过程中录制工具栏将被隐藏，移动光标至顶端即可显示。

4.2.2　保存屏幕录制

右击页面中录制的视频，在弹出的快捷菜单中选择"将媒体另存为"选项，可将视频单独进行保存，如图4-26所示。

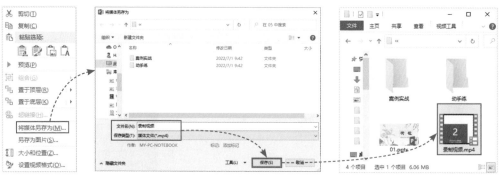

图 4-26

4.2.3　录制课件旁白

旁白可以避免教师重复讲解，同时可以提高学习者自主学习的积极性。

在"幻灯片放映"选项卡中单击"录制幻灯片演示"下拉按钮，在弹出的列表中选择"从当前幻灯片开始录制"选项，在"录制幻灯片演示"对话框中选择要录制的内容，完成后单击"开始录制"按钮，进入放映状态开始录制，如图4-27所示。

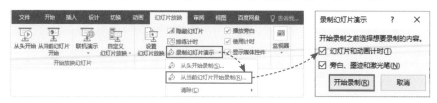

图 4-27

在录制过程中，用户可单击幻灯片左下角工具栏的"墨迹"按钮，为其内容进行标记。录制结束后，单击录制窗口中的"关闭"按钮即可退出录制界面，返回至普通视图界面。系统会将录制的旁白自动插入相关页面，如图4-28所示。同时，也会自动记录每张幻灯片停留的时间，方便该幻灯片的放映操作。

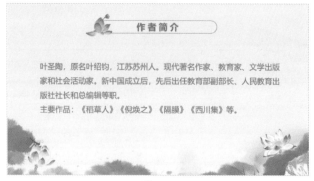

图 4-28

4.3 输出课件

课件制作完成后，可以选择将课件输出为其他格式，以便与不同的软件衔接播放，本小节将对此进行介绍。

▌4.3.1 打包课件

打包课件可以将课件中用到的素材整理在一个文件夹中，以保证课件在任意一台设备上都能够正常放映。

在"文件"选项卡中选择"导出"选项，在"导出"界面中选择"将演示文稿打包成CD"选项，单击右侧的"打包成CD"按钮，打开"打包成CD"对话框，单击"复制到文件夹"按钮，在"复制到文件夹"对话框中设置文件夹名称和保存位置，如图4-29所示。

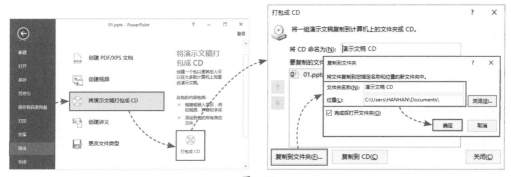

图 4-29

完成后单击"确定"按钮，在打开的系统提示框中单击"是"按钮，如图4-30所示。

图 4-30

打包操作完成后，系统将自动打开打包文件夹，如图4-31所示。在此可查看到当前幻灯片所有的素材文件。

图 4-31

4.3.2 将课件输出为视频

将课件输出为视频格式可以方便在各个设备上正常播放。在"文件"选项卡中选择"导出"选项，在"导出"界面中选择"创建视频"选项，设置"放映每张幻灯片的秒数"为10秒，单击"创建视频"按钮，打开"另存为"对话框设置保存路径和文件名，如图4-32所示。完成后单击"保存"按钮，待状态栏中的进度条完成后即完成输出操作。

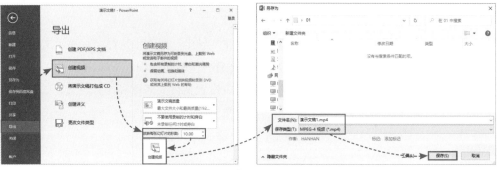

图 4-32

4.3.3 将课件输出为PDF

将课件输出为PDF格式可以方便后续的存储发送。在"文件"选项卡中选择"导出"选项，在"导出"界面中选择"创建PDF/XPS文档"选项，单击"创建PDF/XPS"按钮，打开"发布为PDF或XPS"对话框，设置保存路径、文件名及保存类型，完成后单击"发布"按钮，如图4-33所示，待弹出的进度条完成后即完成发布操作。

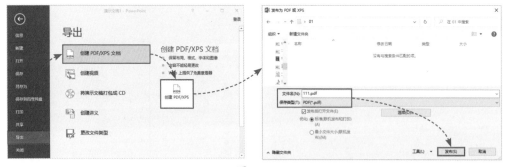

图 4-33

动手练 将课件输出为视频

将课件输出为视频格式更便于后续的观看与输出。下面结合导出设置的知识，对课件的输出进行介绍。

Step 01 打开《认识小数》素材文件，在"文件"选项卡中选择"导出"选项，在"导出"界面中选择"创建视频"选项，设置"放映每张幻灯片的秒数"为10秒，单击"创建视频"按钮，打开"另存为"对话框，设置保存路径和文件名，如图4-34所示。

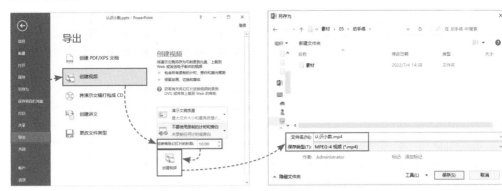

图 4-34

Step 02 完成后单击"保存"按钮，等待状态栏中的进度条完成，如图4-35所示。

Step 03 双击保存的视频文件即可查看播放效果，如图4-36所示。至此，完成课件的输出操作。

图 4-35

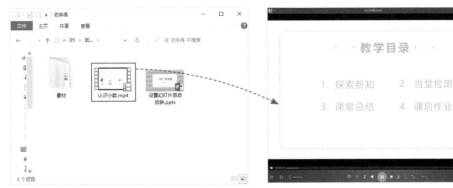

图 4-36

案例实战：放映并输出教学课件

下面结合本章所学知识，将教学课件按照指定的内容进行放映，并将其输出为PDF文件。

Step 01 打开《配色课件》素材文件，在"幻灯片放映"选项卡的"自定义幻灯片放映"下拉列表中选择"自定义放映"选项，如图4-37所示。

Step 02 在打开的"自定义放映"对话框中单击"新建"按钮，如图4-38所示。

图 4-37

图 4-38

Step 03 在"定义自定义放映"对话框中设置"幻灯片放映名称"，如图4-39所示。

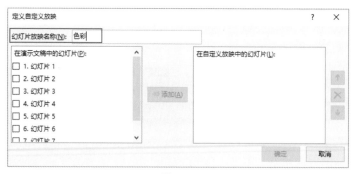

图 4-39

Step 04 在"演示文稿中的幻灯片"列表框中勾选"幻灯片1、幻灯片2、幻灯片4~幻灯片8"复选框，单击"添加"按钮，将其添加至右侧的"在自定义放映中的幻灯片"列表框，如图4-40所示。

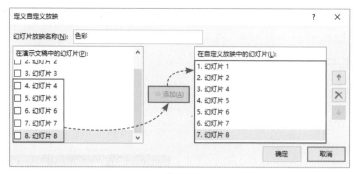

图 4-40

Step 05 选择完成后单击"确定"按钮，返回至"自定义放映"对话框，如图4-41所示。单击"关闭"按钮关闭该对话框。

Step 06 在"幻灯片放映"选项卡中单击"设置幻灯片放映"按钮，打开"设置放映方式"对话框，在"放映幻灯片"选项组中选中"自定义放映"单选按钮，选择自定义的放映方案，如图4-42所示，单击"确定"按钮。

图 4-41　　　　　　　　　　　　　　　　　图 4-42

Step 07 在"文件"选项卡中选择"导出"选项，在"导出"界面中选择"创建PDF/XPS文档"选项，单击"创建PDF/XPS"按钮，打开"发布为PDF或XPS"对话框，如图4-43所示。

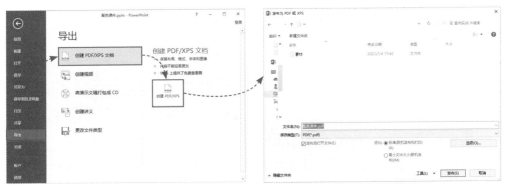

图 4-43

Step 08 单击"发布为PDF或XPS"对话框中的"选项"按钮，打开"选项"对话框，选择"范围"为"自定义放映"，如图4-44所示。

Step 09 单击"确定"按钮返回至"发布为PDF或XPS"对话框，单击"发布"按钮输出PDF格式文档，如图4-45所示。

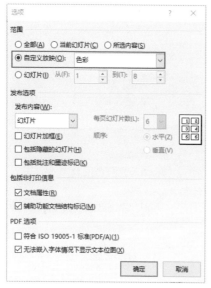

图 4-44

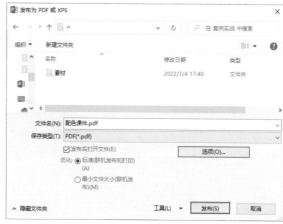

图 4-45

Step 10 稍等片刻，即可打开输出的PDF课件文档，在此可查看输出结果，如图4-46所示。

图 4-46

1. **Q: 用 PPT 录制的视频，是什么格式？能否进行格式转换？**

   A: 通过"屏幕录制"功能录制的视频是以MP4格式嵌入幻灯片中的。如果想要转换为其他视频格式，就先将其单独保存出来，然后利用格式转换工具，例如"格式工厂"软件进行格式转换操作。

2. **Q: 在放映过程中进行的重点标记能否保存在课件中？**

   A: 可以。放映结束后，或者按Esc键，系统会打开询问提示框，在此选择"是"按钮即可将标记保存至课件中。

3. **Q: 怎么将课件输出为讲义？**

   A: 在"文件"选项卡中选择"导出"选项，在"导出"界面中选择"创建讲义"选项，单击右侧列表中的"创建讲义"按钮，在"发送到Microsoft Word"对话框中选择合适的讲义版式后，单击"确定"按钮，系统会按照选择的版式自动新建Word文档，并显示相应的讲义版式。在此，输入讲义内容保存即可。

4. **Q: 放映课件时，如何快速定位到某一张幻灯片？**

   A: 在放映过程中，在任意处右击，在弹出的快捷菜单中选择"查看所有幻灯片"选项，在打开的幻灯片预览界面中单击所需幻灯片即可。用户也可以单击页面左下方工具栏中的 按钮，同样可以打开幻灯片预览界面进行选择。

5. **Q: 怎么取消自动放映？**

   A: 在"幻灯片放映"选项卡中取消勾选"使用计时"复选框，即可禁用排练计时功能。此外，用户还可以选择在"切换"选项卡中取消勾选"设置自动换片时间"复选框取消自动放映。

6. **Q: 怎么将 PowerPoint 文件导出为图片格式？**

   A: 在"文件"选项卡中选择"另存为"选项，在"另存为"界面中选择"浏览"选项，打开"另存为"对话框，设置"保存类型"为"JPEG文件交换格式"，单击"保存"按钮，在弹出的对话框中选择要导出的幻灯片即可。

第5章

几何画板攻略

几何画板是教学中非常实用的辅助软件之一，该软件可以帮助教师对一些复杂的数学概念进行教学，并利用其动画功能来演示各几何图形之间动态的关系，让学生可以直观地观看到整个动态过程，以便快速理解其相关概念和逻辑关系。本章将对几何画板的基本操作进行简单介绍。

5.1 几何画板工具

几何画板具有较强的创造性，用户可以根据自身的教学思想和教学水平，结合几何画板中的工具自由地创建丰富的图形或动画效果，图5-1所示是几何画板工作界面。

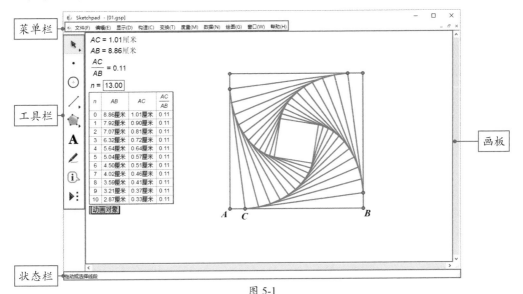

图 5-1

该工作界面中各部分作用分别如下。

- **菜单栏**：菜单栏中包括10个菜单，每个菜单中又包括多个子命令，用户可以通过这些命令实现几何画板的大部分操作。
- **工具栏**：工具栏中包括几何画板常用的绘图工具。用户可以选中工具后在画板中应用。
- **画板**：用于显示绘制的对象。
- **状态栏**：用于显示当前工作状态。

下面对几何画板中的部分工具进行介绍。

5.1.1 箭头工具组

箭头工具组包括"移动箭头工具""旋转箭头工具"及"缩放箭头工具"3种。下面对这些工具进行介绍。

1. 移动箭头工具 ➤

移动箭头工具可以选择对象并进行移动。选择移动箭头工具，将光标移至对象上，待光标变为 ← 状时，单击即可选中该对象，如图5-2所示。按住鼠标左键拖曳即可移动该对象。

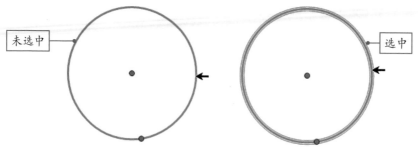

图 5-2

　　若要选中多个对象，可依次单击画板中所有选中的对象，如图5-3所示。此外，利用框选的方法，将所有对象显示在框选区域内，可快速选中多个对象，如图5-4所示。单击画板空白处，可取消选择。

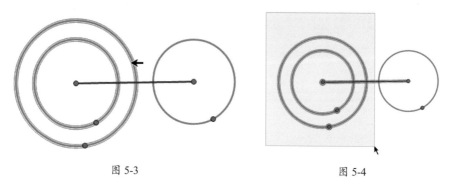

图 5-3　　　　　　　　　　　　　　　　图 5-4

2. 旋转箭头工具 ⬉

　　旋转箭头工具可以旋转对象。长按 ➤ 按钮可打开箭头工具组，长按住箭头工具不放，将光标移动至 ⬉ 按钮处松开鼠标左键，即可启动旋转箭头工具，如图5-5所示。选择要旋转的对象，按住鼠标左键拖曳，即可使对象绕旋转中心旋转，如图5-6所示。

图 5-5

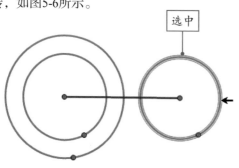

图 5-6

微课设计与制作标准教程（全彩微课版）

> 双击对象上的某一点即可将该点标记为旋转中心。也可以使用点工具重新创建旋转中点，然后选中所需对象与旋转中点，并双击旋转中点，此时再拖动对象时，该对象将会以设置的旋转中点进行旋转。

3. 缩放箭头工具

缩放箭头工具可以缩放选中的对象。在展开的箭头工具栏中选中缩放箭头工具，选择要缩放的对象，按住鼠标左键拖曳即可使对象以缩放中点进行缩放，图5-7所示是放大圆形，图5-8所示是缩小圆形。

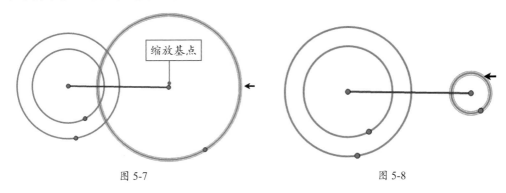

图 5-7   图 5-8

选中对象，在菜单栏中执行"变换"→"缩放"命令，在打开的"缩放"对话框中可以按照比值精确缩放，如图5-9所示。

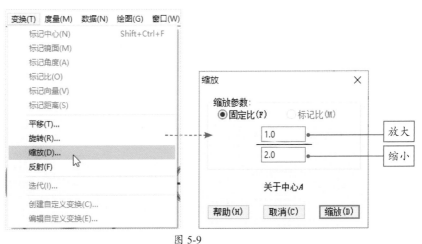

图 5-9

5.1.2　点工具

点工具·可用于绘制不同类型的点对象。如自由点、交点或对象上的点等。选中点工具，在画板空白处单击即可创建自由点，如图5-10所示；将光标移至对象上，待对象高亮显示时，单击即可在对象上创建点，如图5-11所示。

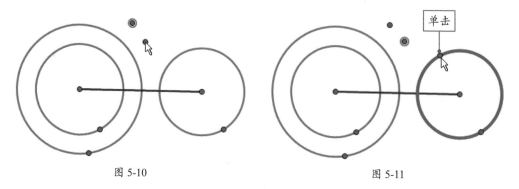

图 5-10　　　　　　　　　　　　　　　　　图 5-11

若想创建对象交点，可以移动光标至对象相交处，待两个对象都高亮显示时，单击即可，如图5-12所示。在调整对象时，其创建的交点也会随之移动，如图5-13所示。

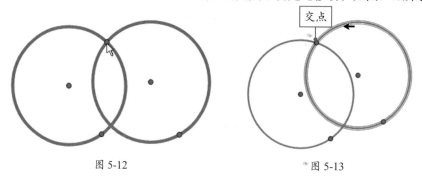

图 5-12　　　　　　　　　　　　　　　　　图 5-13

选中两个对象后，在菜单栏执行"构造"→"交点"命令，或者按Shift+Ctrl+I组合键，此时，对象中所有相交的位置都创建了交点，如图5-14所示。

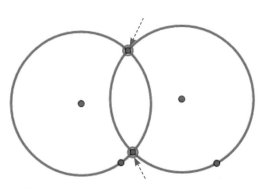

图 5-14

5.1.3　圆工具

　　圆工具○可用于绘制不同大小的圆。选中圆工具，在画板空白处按住鼠标左键拖曳即可绘制圆形，如图5-15所示。选中绘制的圆形，在菜单栏中执行"构造"→"圆内部"命令或按Ctrl+P组合键，可以填充圆内部，如图5-16所示。

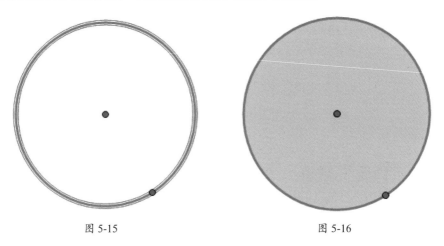

图 5-15　　　　　　　　　　　　　　　　图 5-16

动手练 **根据已知条件绘制圆**

　　单纯地利用圆工具无法准确控制圆的大小。如果需要绘制一个半径为3cm的圆，可通过下面的方法来操作。

Step 01 执行点工具，在画板中先创建一个圆心点。在菜单栏中执行"变换"→"平移"命令，打开"平移"对话框，在此设置半径值为3厘米，单击"平移"按钮，如图5-17所示。

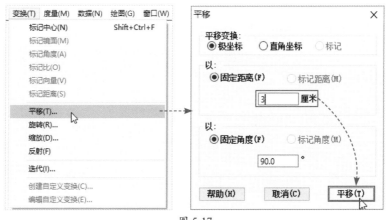

图 5-17

Step 02 此时，画板中会根据设定的参数显示出两个点，如图5-18所示。

Step 03 执行圆工具命令，先选中下方的点，然后再选中上方的点，完成半径为3厘米圆的绘制操作，如图5-19所示。

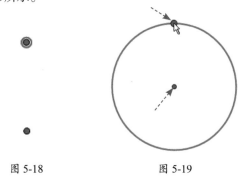

图 5-18　　　　　　　　　　图 5-19

▌5.1.4　直尺工具组

直尺工具组包括"线段直尺工具""射线直尺工具""直线直尺工具"3种。

1. 线段直尺工具／

线段直尺工具可用于绘制线段。选中该工具后在画板中单击，确定线段的起点和终点即可，如图5-20所示。按住Shift键可绘制直线段。

图 5-20

2. 射线直尺工具／

射线直尺工具可用于绘制射线。选中该工具后在画板中单击确定射线起点，以及射线方向上的一点即可，如图5-21所示。

3. 直线直尺工具／

直线直尺工具可用于绘制直线。选中该工具后在画板中单击确定直线中的一点，以及直线方向的另一点即可，如图5-22所示。直线与线段不同的是，直线的两端可以无限延长，而线段仅为直线的一段。

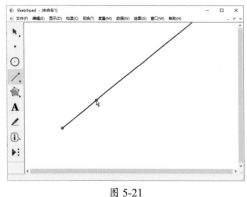

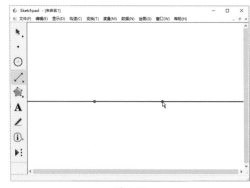

图 5-21　　　　　　　　　　图 5-22

5.1.5 多边形工具组

多边形工具组包括"多边形工具●""多边形和边工具●"及"多边形边工具○"3种。这3种工具都可以绘制各种多边形，区别在于多边形工具绘制的对象只显示内部而不显示边线；多边形和边工具绘制的对象既显示内部又显示边线；多边形边工具绘制的对象仅显示边线，而不显示内部，如图5-23所示为3种多边形工具绘制的三角形。

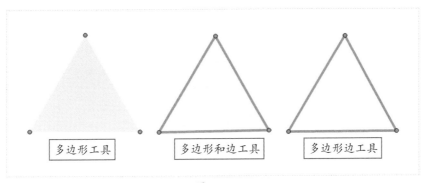

图 5-23

选中多边形工具后，在画板中单击即可创建多边形的一个顶点，移动光标可再次创建多边形的一个顶点，直到创建最后一个顶点，双击该顶点即可结束绘制。

5.1.6 文本工具

文本工具**A**可用于输入文字。选中文字工具，在画板中按住鼠标左键拖曳绘制文本框，在文本框中输入文字即可，如图5-24和图5-25所示。

图 5-24 　　　　　　　　　　　　　　　　　　图 5-25

在菜单栏中执行"显示"→"显示文本工具栏"命令或按Shift+Ctrl+T组合键可打开文本工具栏，如图5-26所示。选中输入的文字，在文本工具栏中可以设置文字的字体、字号、颜色等参数。

图 5-26

文本栏中各按钮作用如下。

● **字体**：单击下拉按钮，在弹出的列表中选择字体可更改选中文字的字体。

● **字体大小**：用于设置文字大小。用户可以选择列表中预设的文字大小，也可以直接输入数值设置文字大小。

● **颜色**：用于设置文字颜色。

- **粗体B**：单击该按钮可加粗选中的文字。
- **斜体I**：单击该按钮可倾斜选中的文字。
- **下画线U**：单击该按钮可为选中的文字添加下画线。
- **符号面板**：单击该按钮将打开"符号表示法"面板，如图5-27所示。用户可以单击该面板中的符号来添加符号。

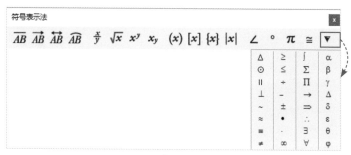

图 5-27

执行"文本工具"命令，单击多边形中的任意顶点，可快速为其添加标记文本，如图5-28所示。

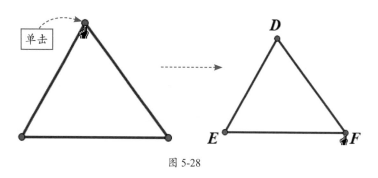

图 5-28

▌5.1.7 标记工具

标记工具✐可以标记线、圆、角等，也可以用于手绘。选中标记工具，移动光标至线或边上，待光标变为↘状时单击，即可添加线段标记，如图5-29所示。

移动光标至顶点附近，按住鼠标左键向角内拖曳，添加角标记，如图5-30所示。

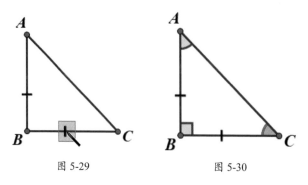

图 5-29 　　　　图 5-30

右击角标记，在弹出的快捷菜单中选择"属性"选项，在打开的"角标记"对话框的"标记笔"和"不透明度"选项卡中可对当前角标记样式进行设置，如图5-31所示。

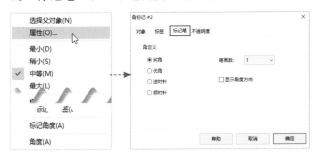

图 5-31

知识点拨

如果需要删除角标记和线标记，只需将其选中，按Del键删除即可。

动手练 绘制平行四边形ABCD

下面利用几何画板中的工具来绘制一个简单的平行四边形。

Step 01 执行"线段直尺工具"命令，按住Shift键绘制一条水平线段，如图5-32所示。执行"文本工具"命令为线段两个端点添加A、B文本标记，如图5-33所示。

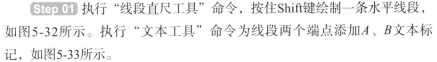

图 5-32 　　　　　　　　　　　　　　　　图 5-33

Step 02 继续执行"线段直尺工具"命令，选中A点为线段起点，向上移动光标，并指定好线段的终点，绘制出AC线段，如图5-34所示。

Step 03 执行"移动箭头工具"命令，选中点C和线段AB，如图5-35所示。

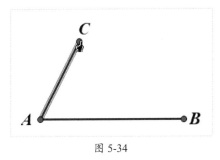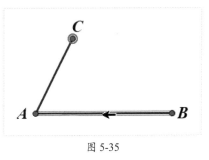

图 5-34 　　　　　　　　　　　　　　　　图 5-35

---

① 本书正文中变量统一用正体。

Step 04 在菜单栏中执行"构造"→"平行线"命令，绘制出过点C的线段AB平行线，如图5-36所示。

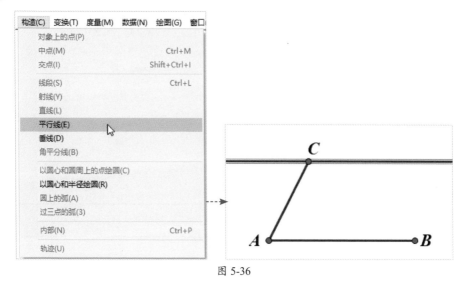

图 5-36

Step 05 按照同样的方法，选中点B以及线段AC，执行"平行线"命令，绘制出过点B的线段AC平行线，如图5-37所示。

Step 06 执行"点工具"命令，在两条平行线相交的位置创建一个点D，如图5-38所示。

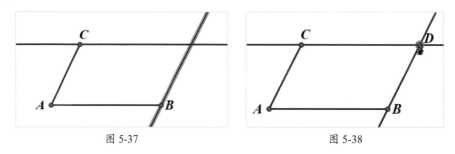

图 5-37   图 5-38

Step 07 执行"移动箭头工具"命令，选中平行线CD和DB，在菜单栏中执行"显示"→"隐藏平行线"命令，隐藏这两条平行线，如图5-39所示。

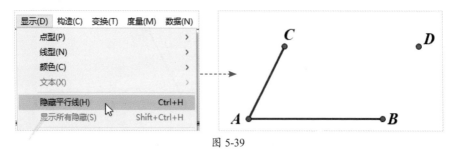

图 5-39

Step 08 选中点C和点D，按Ctrl+L组合键快速绘制两点的连接线。用此方法完成线段DB的绘制，如图5-40所示。

Step 09 按Esc键取消所有选择。然后右击点D，在弹出的快捷菜单中选择"属性"选项，打开"交点D"对话框，切换到"标签"选项卡，将其设为C，如图5-41所示。

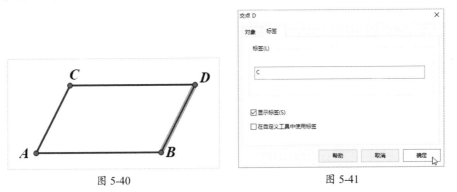

图 5-40　　　　　　　　　　　　　　　图 5-41

Step 10 按照同样的方法，将左上角点C标签更改为D。至此，平行四边形ABCD绘制完成，结果如图5-42所示。

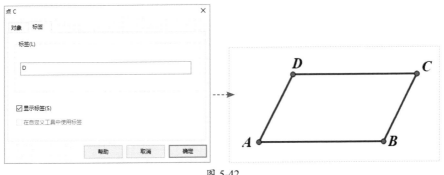

图 5-42

5.1.8　信息工具

信息工具ⓘ可用于显示对象的相关信息。选中信息工具，移动光标至对象上，待光标变为ⓘ状时单击即可显示对象信息，如图5-43所示。注释框中蓝色文字表示与其他对象相关的标签，将光标移至该文本上方时，可突出显示与其相应的对象，如图5-44所示。按Esc键可退出信息显示。

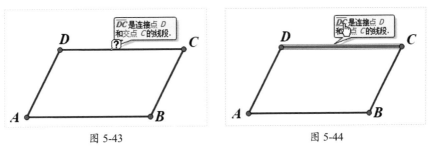

图 5-43　　　　　　　　　　　　　　图 5-44

5.2 图形度量与计算

除了绘制图形外，在几何画板软件中，还可以测量图形的周长、面积、角度等对象，并对测量的结果进行各种计算。

5.2.1 度量

"度量"命令可以快速测量所选对象。以圆形面积的测量为例，选中圆形，在菜单栏中执行"度量"→"面积"命令，画板左上角会出现该圆形的面积数值，如图5-45所示。

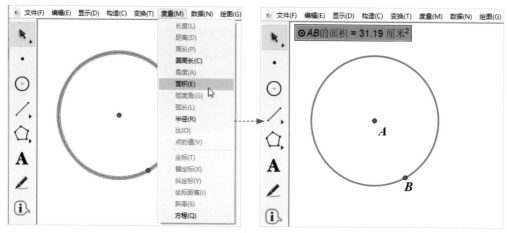

图 5-45

5.2.2 计算

"计算"命令可以解决纯数据间的计算问题，也可以建立参数，并根据计算的结果为制图提供参数按钮。在菜单栏中执行"数据"→"计算"命令，或按Alt+=组合键，打开"新建计算"对话框，如图5-46所示，在该对话框中单击或输入数值进行计算即可。也可以单击画板中已存在的值或函数将其插入。

图 5-46

5.3　动态演示

在教学过程中将静态图形转变为动态图形，能够有效帮助学习者理解一些较为抽象的数学或物理概念。而几何画板就具备这一特点，利用此工具可轻松绘制各类教学演示动画。

5.3.1　平移动画

平移动画即指对象沿某个直线方向移动的动画。下面结合度量工具来介绍简单的平移动画制作方法。

Step 01 绘制一个圆形和一条水平线段，并将圆心标记为A，水平线段标记为BC线段。选中线段BC，在菜单栏中执行"构造"→"线段上的点"命令，在线段BC上创建点D，如图5-47所示。

Step 02 选中点B和点D，在菜单栏中执行"变换"→"标记向量"命令，标记向量，如图5-48所示。选中A圆，执行"变换"→"平移"命令，打开"平移"对话框，选中"标记"单选按钮，单击"平移"按钮，平移圆形，如图5-49所示。

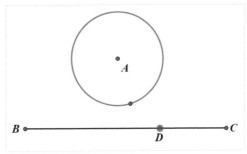

图 5-47

图 5-48

图 5-49

Step 03 拖动点D可使平移的圆形随点D的移动而移动，如图5-50所示。

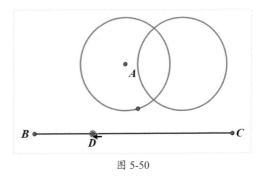

图 5-50

第 5 章　几何画板攻略

选中点*D*，执行"编辑"→"操作类按钮"→"动画"命令，打开"操作类按钮 动画点"对话框，保持默认参数，单击"确定"按钮，画板中会显示一个动画按钮，如图5-51所示。单击该按钮，圆形将自动进行平移运动。再次单击可停止动画。

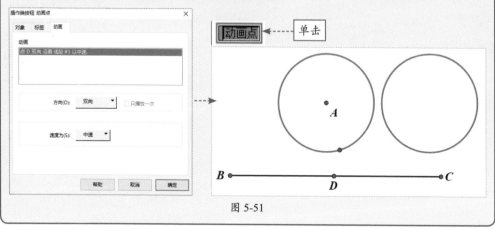

图 5-51

5.3.2 参数控制旋转动画

通过参数控制，可以使画板中的某个点自动围绕指定的点进行旋转。下面结合参数知识来介绍旋转动画的制作方法。

Step 01 执行"点工具"命令绘制*A*、*B*两点，双击点*A*，将其设置为旋转中心，使用移动箭头工具在其中一个点上双击设置其为旋转中心，如图5-52所示。

Step 02 执行"数据"→"新建参数"命令，打开"新建参数"对话框，设置名称为*a*，并将"单位"设置为"角度"，单击"确定"按钮，新建参数α，如图5-53所示。

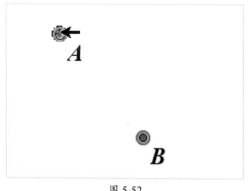

图 5-52

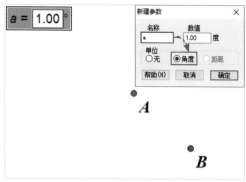

图 5-53

Step 03 选中参数α，执行"变换"→"标记角度"命令，标记参数α的角度。选中需要旋转的点，执行"变换"→"旋转"命令，打开"旋转"对话框，选中"标记角度"单选按钮，单击"确定"按钮，旋转点，如图5-54所示。

Step 04 选中参数α，执行"编辑"→"操作类按钮"→"动画"命令，打开"操作类按钮 动画角度参数"对话框，保持默认参数，单击"确定"按钮，如图5-55所示。

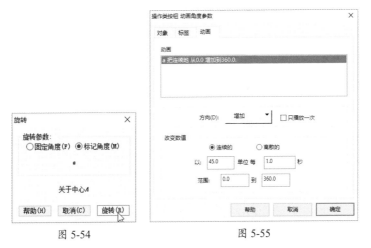

图 5-54　　　　　　　　　　图 5-55

Step 05 画板中会显示"动画角度参数"动画按钮，如图5-56所示。单击该按钮后，点B则以点A为旋转中心自动进行旋转，如图5-57所示。再次单击可停止动画。

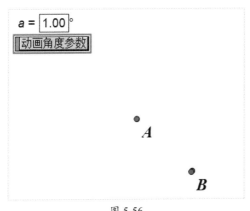

图 5-56　　　　　　　　　　图 5-57

若在参数α中输入指定的角度，起点也将随之发生变化，如图5-58所示。

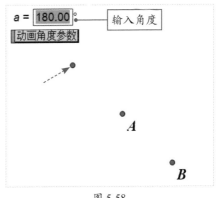

图 5-58

案例实战：制作动态二次函数曲线

动态函数曲线可以生动形象地展示数量之间的关系。下面结合几何画板中的度量与动画，介绍简单的动态二次函数曲线的制作。

Step 01 执行"绘图"→"定义坐标系"命令，显示坐标系，如图5-59所示。

Step 02 执行"点工具"命令，在画板中任意处单击，创建点，如图5-60所示。

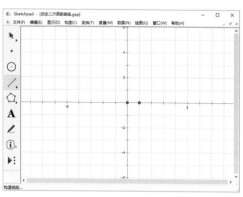

图 5-59

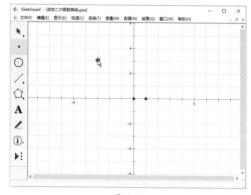

图 5-60

Step 03 执行"文本工具"命令，将该点标记为a，如图5-61所示。

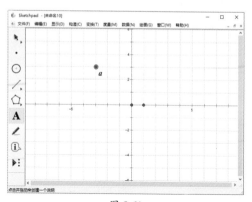

图 5-61

Step 04 执行"线段直尺工具"命令，按住Shift键，绘制任意一条直线段，如图5-62所示。

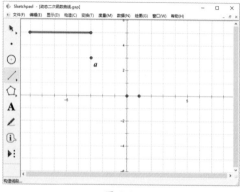

图 5-62

Step 05 在菜单栏中执行"构造"→"线段上的点"命令，在线段上构造一个点，如图5-63所示。

Step 06 执行"文本工具"命令，分别将线段上3个点的标记为A、C、B，如图5-64所示。

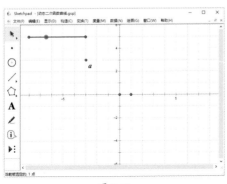

图 5-63

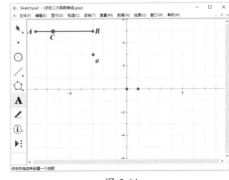

图 5-64

Step 07 选中线段上点A和点C，在菜单栏中执行"变换"→"标记向量"命令，标记向量。选中点a，在菜单栏中执行"变换"→"平移"命令，打开"平移"对话框，选中"标记"单选按钮，单击"平移"按钮，平移点，如图5-65所示。

Step 08 平移点的标签设为a'，如图5-66所示。

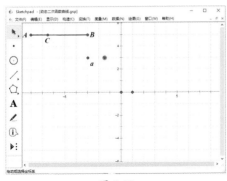

图 5-65

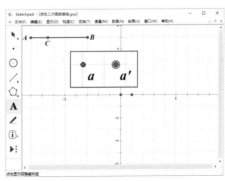

图 5-66

Step 09 执行"点工具"命令，在画板任意处单击，创建两个点，并设置标签为b和c，如图5-67所示。

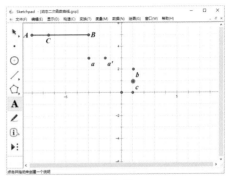

图 5-67

Step 10 选中点 a'，在菜单栏中执行"度量"→"横坐标"命令，度量其横坐标，如图5-68所示。

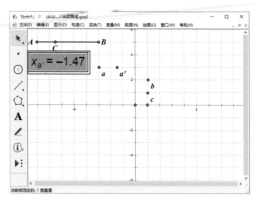

图 5-68

知识点拨

该步骤中的度量横坐标，通过后续步骤的设置可以通过改变横坐标更改函数曲线。也可以选择度量纵坐标，后期可通过改变纵坐标更改函数曲线。

Step 11 使用相同的方法，度量点 b 和点 c 的横坐标，如图5-69所示。

Step 12 选中度量出的点 a'、点 b 和点 c 的横坐标，在画板空白处右击，在弹出的快捷菜单中选择"绘制新函数"选项，如图5-70所示。

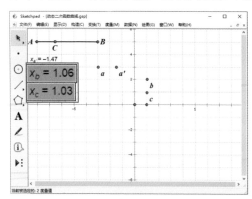

图 5-69

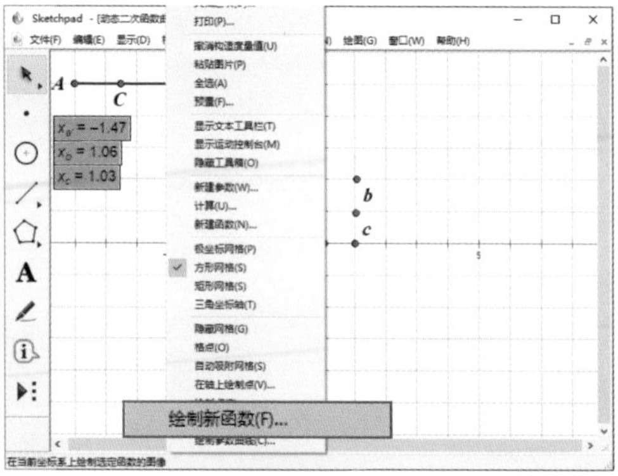

图 5-70

Step 13 打开"新建函数"对话框，单击"数值"下拉按钮，在弹出的列表中选择函数参数，以及输入运算符号来输入函数表达式，如图5-71所示。

图 5-71

Step 14 确认输入无误后，单击"确定"按钮，新建函数，如图5-72所示。

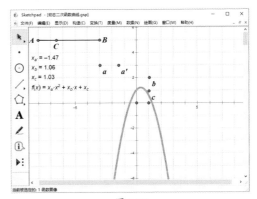

图 5-72

Step 15 在画板中左右拖动点a'、点b或点c都可以改变函数曲线，如图5-73所示。

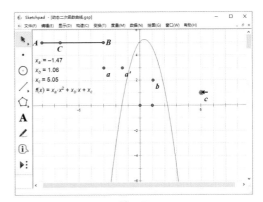

图 5-73

Step 16 选中直线段中的点C，在菜单栏中执行"编辑"→"操作类按钮"→"动画"命令，打开"操作类按钮 动画点"对话框，保持默认参数设置，如图5-74所示。

图 5-74

Step 17 切换至"标签"选项卡，设置标签为"a'的变化"，单击"确定"按钮，画板中会显示相应的动画按钮，如图5-75所示。

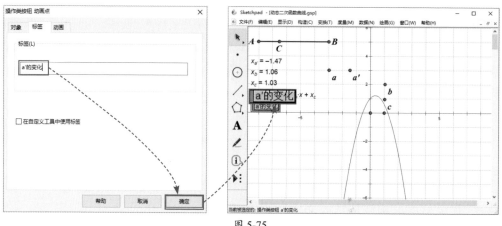

图 5-75

Step 18 单击该动画按钮，即可播放点a'的平移动画，此时函数曲线也会随之变化，如图5-76和图5-77所示。至此，动态二次函数曲线的制作完成。

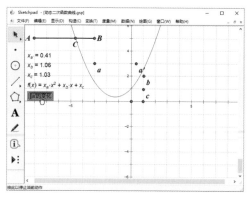

图 5-76

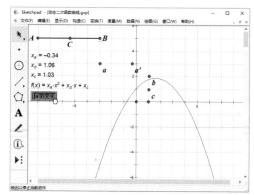

图 5-77

新手答疑

1. Q: 几何画板怎么绘制椭圆？

  A: 在画板中绘制一条直线段AB，执行"构造"→"中点"命令，构造直线段的中点C；选中中点C与点A，执行"构造"→"以圆心和圆周上的点绘圆"命令，绘制圆形；使用点工具在圆上任意一处单击创建点D，选中新建的点D和绘制的直线段AB，执行"构造"→"垂线"命令构建垂线；选中垂线与直线段，按Shift+Ctrl+I组合键构造交点E；选中垂线和圆，按Ctrl+H组合键隐藏；选中交点E和圆上的点D，按Ctrl+L组合键构造直线段DE；选中构造的直线段DE，执行"构造"→"线段上的点"命令，构建点H；选中点D和点H，执行"构造"→"轨迹"命令即可创建椭圆。调整点H的位置可以改变椭圆的样式。

2. Q: 几何画板中怎么自定义工具？

  A: 选中画板中创建的图形（如椭圆的全部），单击工具栏中的"自定义工具"按钮，在弹出的列表中选择"创建新工具"选项，打开"新建工具"对话框，设置工具名称，完成后单击"确定"按钮，即可自定义工具。完成后，长按工具栏中的"自定义工具"按钮，在弹出的列表中选择自定义的工具即可使用。

3. Q: 怎么更改选中对象颜色？

  A: 选中绘制的对象，右击，在弹出的快捷菜单中选择"颜色"选项，在其子选项中可以选择颜色，更改选中对象的颜色。用户也可以在菜单栏中执行"显示"→"颜色"命令，选择颜色更改选中对象的颜色。

4. Q: 动画按钮名称怎么更改？

  A: 选中动画按钮，右击，在弹出的快捷菜单中选择"属性"选项，打开"操作类按钮 动画点"对话框，选择"标签"选项卡，在该选项卡中可以设置按钮名称，以便更好地区分不同的动画按钮。

5. Q: 几何画板中怎么新建页？

  A: 执行"文件"→"文档选项"命令或按Shift+Ctrl+D组合键，打开"文档选项"对话框，单击"增加页"下拉按钮，在弹出的列表中选择"空白页面"选项，即可新增页面。在"页名称"文本框中输入名称，可重命名新建的页面。完成后单击"确定"按钮，单击画板底部的页面名称可切换不同的页面。

第**6**章

典型的思维导图制作工具

在微课教学中思维导图可以帮助学习者快速理清思维，找到记忆点巩固记忆。常用的思维导图制作工具有WPS Office、XMind、亿图脑图等，此外，也可以通过在线制作网站来绘制思维导图。

6.1 WPS Office 脑图设计

WPS Office是一款专业的办公软件，该软件支持制作流程图、思维导图等，便于微课教学。同时，WPS Office还支持文字、表格、PPT、设计等多种功能，在微课制作上有着得天独厚的优势。

6.1.1 绘制思维导图

利用WPS Office软件，可以轻松制作出多种样式的思维导图，如组织结构图、鱼骨图、时间轴等，以满足教学的不同需要。

1. 新建思维导图文档

打开WPS Office软件，在首页中单击"新建"按钮，切换至"新建"界面，选择"思维导图"选项卡，单击"新建空白思维导图"按钮＋即可新建思维导图文档，如图6-1所示。

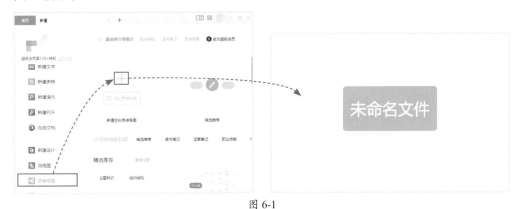

图 6-1

此外，还可选择预设的模板文件进行操作。按Ctrl+N组合键打开"新建"界面，选择"思维导图"选项卡，单击预设的思维导图文档即可预览该文档，单击"使用此模板"按钮即可新建该模板文档，如图6-2所示。

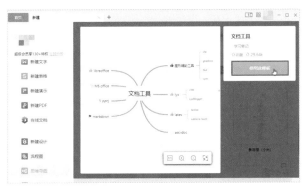

图 6-2

2. 添加主题

主题是思维导图的基础，思维导图可以由多种类型的主题组成。一张思维导图中只有一个中心主题，其他主题都将围绕这个中心主题而展开，如图6-3所示。

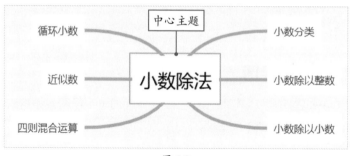

图 6-3

新建空白思维导图文档后，视图中将自动出现一个中心主题。选中该主题，并单击其右侧的 按钮即可创建分支主题，如图6-4所示。

图 6-4

选中分支主题，按Enter键可创建同级分支主题，如图6-5所示。按Tab键可快速插入当前分支主题的子主题，如图6-6所示。

图 6-5

图 6-6

知识点拨

选中思维导图中的某一分支主题，按住鼠标左键拖曳至空白处，释放鼠标左键，可将其及其子主题设置为自由主题。自由主题可在思维导图结构外独立存在，一般用于补充思维导图结构，如图6-7所示。

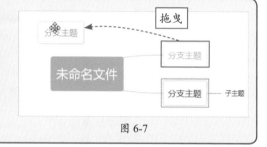

图 6-7

3. 展开或收起主题

过多的子主题内容有时会扰乱思路，用户可以将暂时不用的子主题内容收起，待使用时再将其展开。将光标移至需要的分支主题右侧，并单击"收起"按钮⊖，可收起与之相关的一些子主题内容，如图6-8所示。

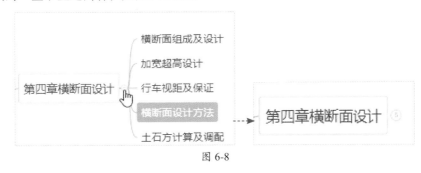

图 6-8

收起后主题右侧只显示带圈数字，该数字即为收起的子主题数目，单击该数目可展开相应的子主题内容。

如果要快速收起所有子主题，可在"开始"选项卡中单击"收起"按钮，在其列表中选择"收起全部主题"选项即可，如图6-9所示；选择"收起同级全部子主题"选项，将收起与选中主题同一层级的主题的子主题。

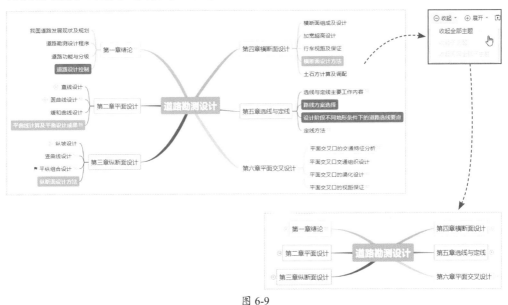

图 6-9

单击"展开"按钮，在其列表中选择"展开子主题"选项，可迅速展开所有子主题。

4. 插入关联

关联主题可在两个主题之间添加关联线，展示其逻辑关系。选中要插入关联的一个主题，在"插入"选项卡中单击"关联"按钮，此时将从选中主题中延伸出一条线，移动光标至要关联的主题上单击，即可在这两个主题之间插入关联线，如图6-10所示。

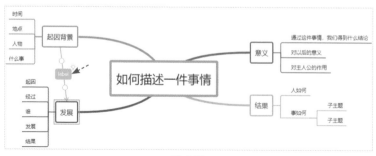

图 6-10

移动光标至关联线上的锚点◇处，按住鼠标左键拖曳可以改变关联线的形状；移动光标至◇处，在弹出的面板中设置关联线的颜色、宽度、类型等参数，如图6-11所示。关联线一般用虚线表示，以免造成混淆。

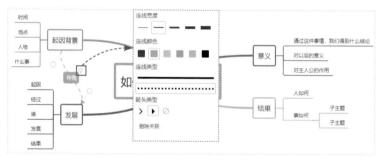

图 6-11

5. 插入概要

概要即指重要内容的大概，思维导图中的概要可以为一个或多个主题添加总结，方便记述思维导图中的重要内容。按住Ctrl键加选要添加概要的主题，在"插入"选项卡中单击"概要"按钮，即可为其添加概要，如图6-12所示。

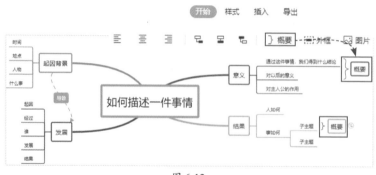

图 6-12

双击概要文字进行修改；移动光标至 ☼ 处，在弹出的面板中可以设置概要的宽度、颜色及类型，如图6-13所示。

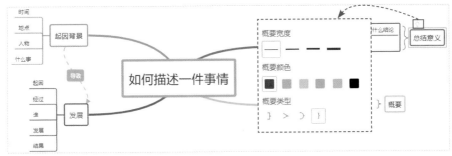

图 6-13

6. 插入外框

为一个或多个主题添加外框，方便浏览、归纳。选择要添加外框的主题，在"开始"选项卡中单击"外框"按钮，即可选中外框，移动光标至 ☼ 处，在弹出的面板中可以设置外框的宽度、颜色、样式等，如图6-14所示。

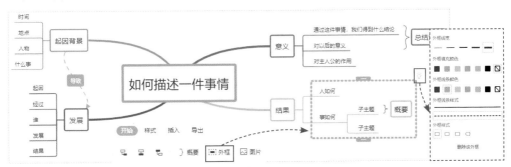

图 6-14

7. 插入图片

在所需主题前插入图片，可强调该主题内容，以丰富视觉效果。选中要插入图片的主题，在"开始"选项卡中单击"图片"按钮，打开"插入图片"对话框，选中要插入的图片后单击"确定"按钮，即可在选中的主题中插入图片，如图6-15所示。选中图片，移动光标至其右下角控制点处，按住鼠标左键拖曳可调整图片的大小。

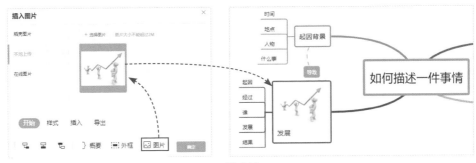

图 6-15

8.插入超链接

插入超链接，可以扩展其内容。选中要插入超链接的主题，在"开始"选项卡中单击"超链接"按钮或按Ctrl+K组合键，打开"超链接"面板，输入链接地址及显示标题后，单击"添加"按钮即可，如图6-16所示。单击链接按钮🔗可在浏览器中打开相应的网页内容。

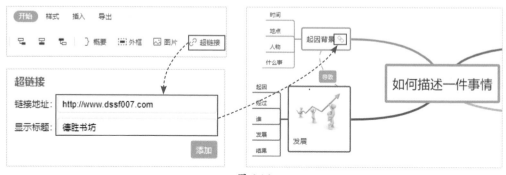

图 6-16

9.插入标签

标签可以帮助用户快速区分主题的类型。选中要添加标签的主题，在"插入"选项卡中单击"标签"按钮，在弹出的面板中设置标签即可插入，如图6-17所示。

一个主题中可以插入多个标签。

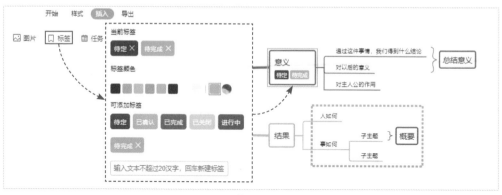

图 6-17

10.插入图标

图标的添加有助于帮助学习者抓住重点信息。选中要插入图标的主题，在"插入"选项卡中单击"图标"下拉按钮，在弹出的面板中选择要插入的图标，即可在选中的主题中添加图标，如图6-18所示。

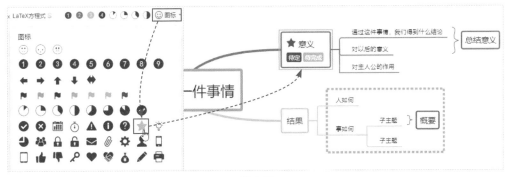

图 6-18

单击主题中插入的图标，在弹出的面板中可以再次插入其他图标，或修改已插入图标的颜色。单击 ⊗ 按钮可删除图标。

▌6.1.2 美化思维导图

完成思维导图后，可以对思维导图的样式、节点背景、连线、风格等进行设置，使其呈现出更好的视觉效果。

1. 设置画布

单击"样式"选项卡中的"画布"下拉按钮，在弹出的面板中选择颜色，即可设置画布颜色，如图6-19所示。

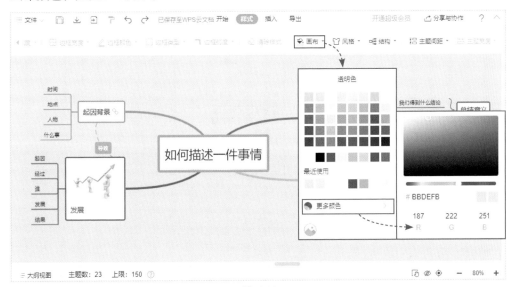

图 6-19

2. 设置节点样式

选中某一主题，单击"样式"选项卡中的"节点样式"下拉按钮，在弹出的面板中选择预置的主题风格，即可更改节点样式，如图6-20所示。

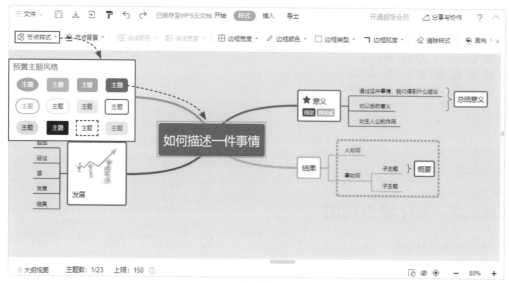

图 6-20

除了预置的主题风格外，还可以通过设置节点背景及边框改变节点样式。在"样式"选项卡中选择相应的设置按钮即可，如图6-21所示。

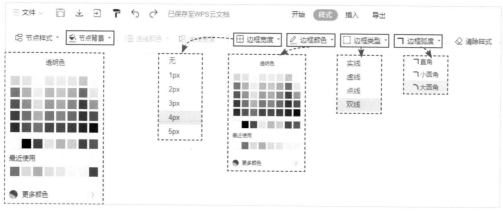

图 6-21

3. 设置连线

主题与主题之间是通过连线连接的，用户可以对连线的颜色及宽度进行设置。

选中要设置连线的主题，单击"样式"选项卡中的"连线颜色"下拉按钮，在弹出的面板中即可设置连线颜色；单击"连线宽度"下拉按钮，在弹出的列表中即可设置连线宽度，如图6-22所示。

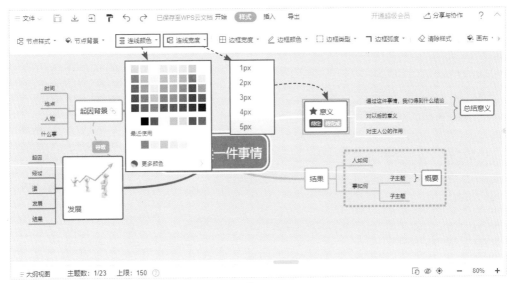

图 6-22

4. 设置思维导图风格

单击"样式"选项卡中的"风格"下拉按钮，在弹出的面板中预设了多种思维导图风格，用户可以单击该面板中预设的风格更改当前思维导图主题风格，如图6-23所示。

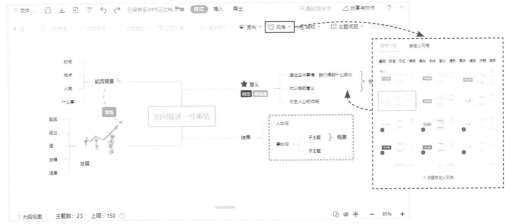

图 6-23

5. 设置思维导图结构

新建的思维导图默认为左右分布结构，用户可以根据需要调整其结构。单击"样式"选项卡的"结构"下拉按钮，在弹出的列表中选择要设置的结构即可。如图6-24所示为选择"组织结构图"选项的效果。

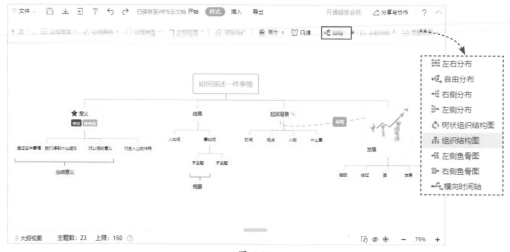

图 6-24

知识点拨

主题的宽度默认是随主题文字数量的多少自动调整。若想固定某一主题的宽度，可将其选中，单击"样式"选项卡中的"主题宽度"下拉按钮，在弹出的面板中勾选"固定主题宽度"复选框，并设置数值即可。

6.1.3 输出思维导图

思维导图制作完成后，可将其输出为不同的格式，以便后期预览与传输。WPS Office软件支持将思维导图导出为多种格式。执行"文件"→"另存为/导出"命令，在其子菜单中选择所需的格式，在打开的对话框中设置保存路径、名称等参数后，单击"导出"按钮即可。如图6-25所示为打开的"导出为PNG图片"对话框。

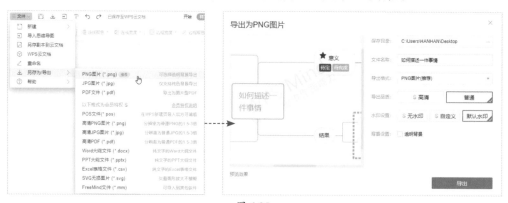

图 6-25

动手练 制作《短歌行》思维导图

下面结合以上讲解的知识点来制作《短歌行》思维导图。

Step 01 启动WPS Office软件，创建一份空白的思维导图，并将中心主题文字更改为《短歌行》，如图6-26所示。

Step 02 选择中心主题，按Enter键添加分支主题，并修改分支主题文字，如图6-27所示。

图 6-26   图 6-27

Step 03 使用相同的方法，继续从中心主题添加分支主题并修改文字，如图6-28所示。

Step 04 选择"作者"分支主题，按Tab键插入子主题，并修改文字，如图6-29所示。

图 6-28   图 6-29

Step 05 选中"曹操"子主题，按Tab键插入子主题，并修改文字，如图6-30所示。

图 6-30

Step 06 使用相同的方法，为"题目"主题和"内容"主题添加子主题并编辑，如图6-31所示。

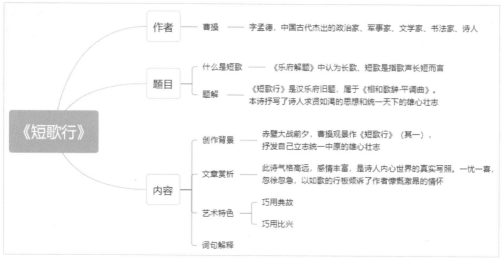

图 6-31

Step 07 在"样式"选项卡中单击"画布"按钮，为当前画布添加颜色，如图6-32所示。

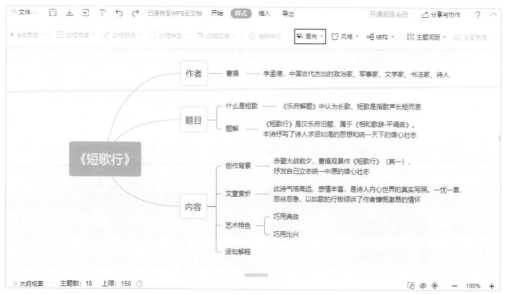

图 6-32

Step 08 选择中心主题和分支主题，单击"样式"选项卡中的"节点样式"下拉按钮，在弹出的面板中为其设置一个预置的主题风格，如图6-33所示。

图 6-33

Step 09 选中分支主题，在"样式"选项卡中设置连线颜色和连线宽度，如图6-34所示。

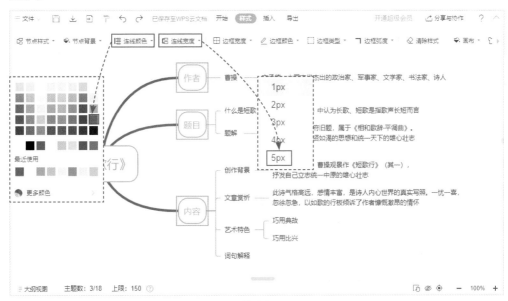

图 6-34

Step 10 选中分支主题的下一级主题以及子标题，在"样式"选项卡中设置其格式，结果如图6-35所示。

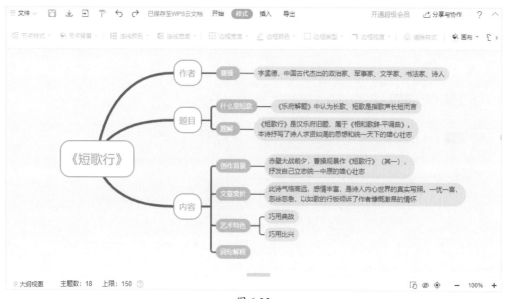

图 6-35

Step 11 执行"文件"→"另存为/导出"→"PNG图片"命令，打开"导出为PNG图片"对话框，单击"导出"按钮导出即可。至此，《短歌行》思维导图绘制完成。

6.2 其他常用思维导图工具

常用的思维导图软件除了WPS Office外，还有XMind及亿图脑图MindMaster。与WPS Office软件这种综合性软件不同，XMind及亿图脑图MindMaster是专门用于制作思维导图的软件。

6.2.1 XMind

XMind软件具有可扩展、跨平台、稳定性等特点，在微课教学中具有较高的使用率。

1. 绘制思维导图

启动XMind软件后默认会创建一个空白图，单击"新建空白图"按钮即可新建中心主题，如图6-36所示。

创建分支主题、子主题的方式与WPS Office软件相同，在此不再重复说明，如图6-37所示。

微课设计与制作标准教程（全彩微课版）

图 6-36

图 6-37

知识点拨

在XMind画布空白处双击，可创建自由主题，如图6-38所示。

图 6-38

在XMind工具栏中还包括一些常用设置工具，例如添加联系、外框、概要，以及插入标签、备注、链接等信息，如图6-39所示。

图 6-39

2. 美化思维导图

在XMind画布右侧工具栏中，用户可根据需要对绘制的思维导图进行美化。

单击"大纲"按钮 ，在展开的列表中可对当前所有主题内容以及级别进行调整，如图6-40所示。

单击"格式"按钮 ，在展开的"画布格式"面板中，可调整当前思维导图的背景色、各主题之间的连接线样式等，如图6-41所示。

单击"图片"按钮 ，可在主题中添加图片；单击"图标"按钮 可标记主题的重要性，如图6-42所示。

图 6-40

图 6-41

图 6-42

单击"风格"按钮 ，可对当前思维导图的风格样式进行设置，如图6-43所示。

单击"备注"按钮 ，可为当前主题添加备注信息，如图6-44所示。

单击"批注"按钮 ，可为主题添加批注内容，如图6-45所示。

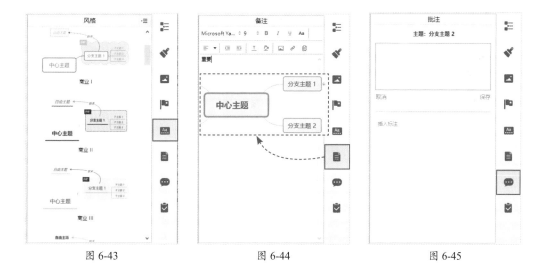

图 6-43   图 6-44   图 6-45

3. 输出思维导图

在菜单栏中执行"文件"→"导出"命令,打开"导出"对话框,选择要导出的格式后单击"下一步"按钮,设置要导出的格式、路径后单击"完成"按钮,即可输出当前思维导图,如图6-46所示。

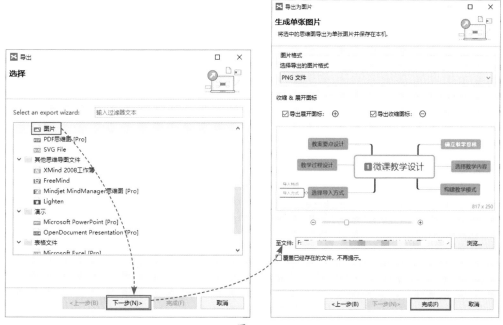

图 6-46

动手练 美化思维导图

XMind可以轻松地制作多种多样的思维导图。下面结合XMind软件的应用，对思维导图进行美化。

Step 01 打开本章素材文件"多媒体课件.xmind"，如图6-47所示。

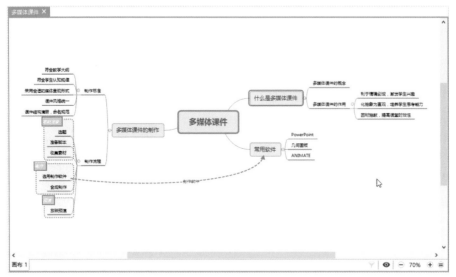

图 6-47

Step 02 单击右侧工具栏中的"风格"按钮，双击所需预设的风格，改变思维导图的样式，如图6-48所示。

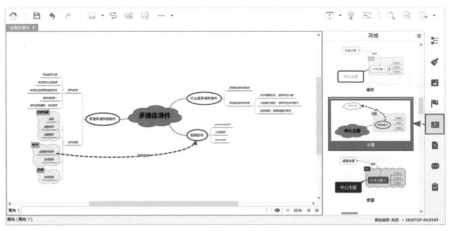

图 6-48

Step 03 选择中心主题，单击"格式"按钮，设置文字颜色为白色，如图6-49所示。

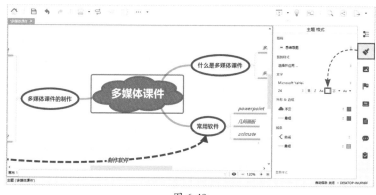

图 6-49

Step 04 选中所有子主题，单击"格式"按钮，取消文字倾斜效果，如图6-50所示。

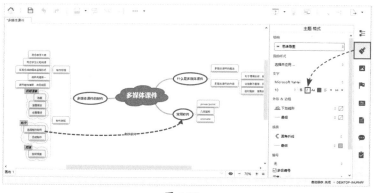

图 6-50

Step 05 选中外框，在"格式"面板中单击"粗体"按钮 B，加粗文字，单击"斜体"按钮 I，取消文字倾斜，并设置文字颜色为白色，如图6-51所示。

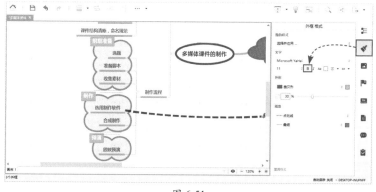

图 6-51

Step 06 单击"导出"下拉按钮，在弹出的列表中选择"导出图片"选项，将当前思维导图导出为图片格式。至此，完成思维导图的美化。

6.2.2 亿图脑图MindMaster

亿图脑图MindMaster同样是一款专门用于制作思维导图的软件。该软件具有跨平台、社区化等特点，备受用户的喜爱。

该软件的基础功能与其他同类软件大致相同，可以利用软件预设的模板来制作，也可以根据需求自行创建，如图6-52所示。

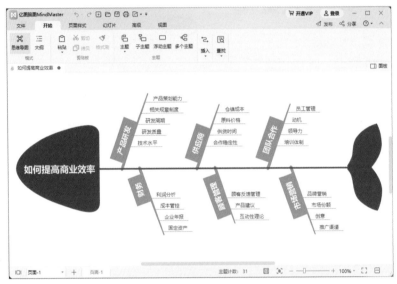

图 6-52

与同类型软件相比，MindMaster有着不少实用的功能。下面对其功能进行简单介绍。

1. 悬浮设置工具栏

在画布中选择要修改的形状或文字，系统会自动显示出相应的悬浮工具栏，在此可快速修改形状或文字格式，如图6-53所示。

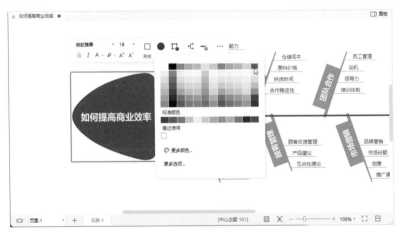

图 6-53

2. 主题风格与模板

单击画布右上角的"□ 面板"按钮，可打开设置面板，在此可对当前思维导图内容进行详细设置。与XMind软件相比，MindMaster软件预设的模板以及主题风格更多，用户可选择的余地也比较广泛，如图6-54所示。

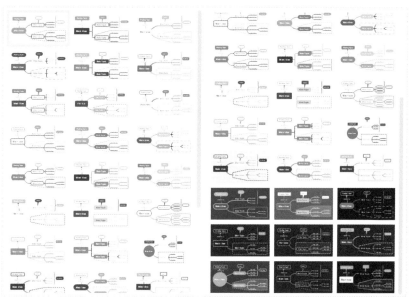

图 6-54

3. 一键生成幻灯片

选择"幻灯片"选项卡，在"幻灯片"选项组中可根据所绘制的内容级别自动生成若干张幻灯片，同时也支持放映操作，如图6-55所示。

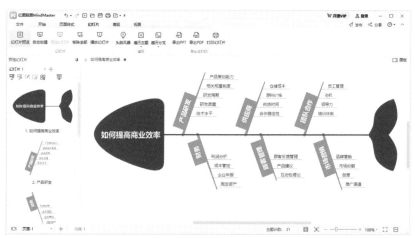

图 6-55

虽说XMind软件也可将思维导图生成PPT，但其功能比较基础，操作没有MindMaster软件全面。

4. 添加水印

为了防止别人盗用自己的原创作品,可为其添加水印。目前Xmind软件还无法直接添加文本水印,而MindMaster软件可添加内置的文本水印,也可自定义文本内容,同时也支持图片水印。

在"页面样式"选项卡中单击"水印"按钮▲,在列表中选择"自定义水印"选项,在"水印"对话框中可根据需求设置水印的类型、内容等信息,单击"确定"按钮即可,如图6-56所示。

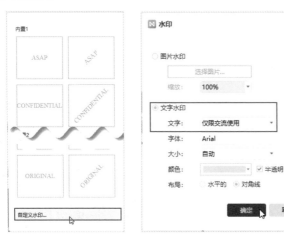

图 6-56

5. 导图社区

导图社区是MindMaster软件特有的一项功能,该功能类似于软件内置的思维导图模板商城,如图6-57所示。用户可通过关键词搜索合适的专题模板下载使用,这里的模板分为免费和收费两种。也可以在社区中发布自己的作品,从而获得一定的收益。

图 6-57

6. 云服务

MindMaster软件带有云服务功能，用户可以将自己创作的思维导图存储到云文件中，以方便以后在任意客户端上查看并修改，如图6-58所示。

图 6-58

6.3 在线绘制思维导图

在线制作可直接在网页中根据需要创作思维导图，免去了软件下载安装的步骤，操作起来方便快捷。常用的在线绘制网站有ZhiMap、GitMind等。

6.3.1 ZhiMap

ZhiMap支持在微信公众号和网页中使用，方便用户实时制作。在搜索引擎中搜索"ZhiMap"关键字，即可搜索到其网站并进入网站界面，如图6-59所示。

图 6-59

单击该网页中的"新建导图"按钮,在弹出的"选择新建导图的查看权限"对话框中选中"私密"或"公开"单选按钮,单击"确定"按钮,即可创建思维导图,如图6-60所示。

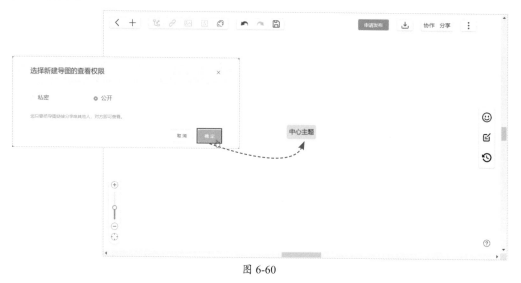

图 6-60

单击"中心主题"两侧的"+"按钮,可创建分支主题。按Enter键可创建同级别的分支主题,按Tab键可创建子主题内容,如图6-61所示。

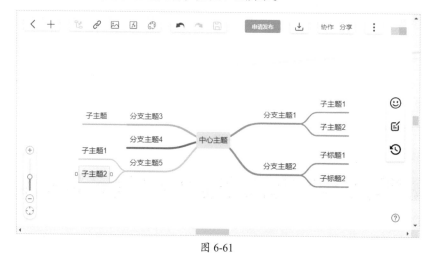

图 6-61

在画布中选择所需主题内容,在上方工具栏中可按照需求对其内容进行编辑,例如展开或折叠主题、插入链接、插入图片、插入公式等,如图6-62所示。

图 6-62

制作完成后，单击↓按钮，在"下载为"界面中选择文件格式，单击"确定"按钮即可将其下载至计算机，如图6-63所示。

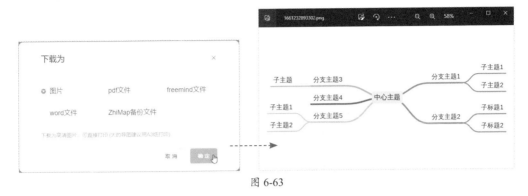

图 6-63

如需将绘制的导图与其他人进行相互协作，可单击工具栏中的"协作"按钮，在打开的协作界面中，输入所需人员的微信昵称，并设置好协作权限，单击"发生邀请"按钮即可，如图6-64所示。对方通过邀请后，即可对该导图进行查看或编辑。

在工具栏中单击"分享"按钮，在打开的界面中可将绘制的导图通过各种方式进行分享，如图6-65所示。

图 6-64

图 6-65

知识点拨

单击:按钮，在列表中选择"设置权限"选项，可设置导图浏览权限。

6.3.2 GitMind

GitMind是一款多平台通用的在线思维导图软件。该软件支持在网页、计算机、手机、平板和小程序中使用。在搜索引擎中搜索"GitMind"关键字,即可搜索到其网站并进入网站界面,如图6-66所示。

图 6-66

单击该网页中的"新建脑图"按钮,即可新建空白思维导图,如图6-67所示。

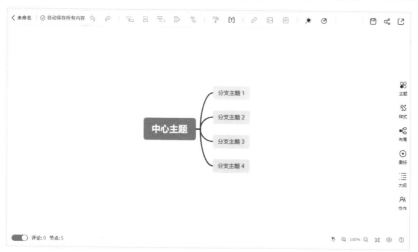

图 6-67

该网站与其他在线制作网站功能相似,在此不再重复说明。

案例实战：使用WPS工具绘制思维导图

思维导图可以帮助用户理清教学内容的逻辑。下面结合WPS Office软件的应用，对《陋室铭》思维导图的绘制、美化及输出进行介绍。

Step 01 启动WPS Office软件，单击"新建"按钮，选择"思维导图"选项卡，单击"新建空白思维导图"按钮，新建思维导图文档，并修改中心主题文字，如图6-68所示。

图 6-68

Step 02 选择中心主题，按Enter键添加分支主题，并修改分支主题文字，如图6-69所示。

图 6-69

Step 03 继续添加分支主题并修改文字，如图6-70所示。

图 6-70

Step 04 选择"作者"分支主题，按Tab键插入子主题，并修改文字，如图6-71所示。

图 6-71

Step 05 使用相同的方法，为其他主题添加子主题并编辑，如图6-72所示。

图 6-72

Step 06 单击"样式"选项卡中的"风格"下拉按钮，在弹出的面板中选择预设的风格，更改当前思维导图的主题风格，如图6-73所示。

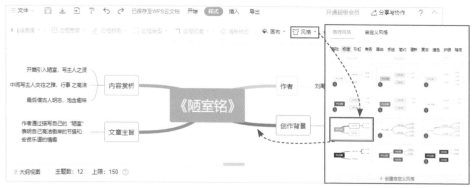

图 6-73

Step 07 选择中心主题，在"样式"选项卡中单击"节点样式"下拉按钮，在弹出的面板中选择预置的主题风格，并设置边框宽度为4px，边框颜色为#616161，边框弧度为大圆角，效果如图6-74所示。

图 6-74

Step 08 选择分支主题，在"样式"选项卡中设置连线宽度为4px，边框宽度为3px，边框弧度为大圆角，效果如图6-75所示。

图 6-75

Step 09 选中分支主题下一级主题，在"样式"选项卡中设置连线宽度为2px，边框宽度为2px，边框颜色分别与分支主题一致，边框类型为虚线，边框弧度为大圆角，效果如图6-76所示。

图 6-76

Step 10 选中最后一级子主题，在"样式"选项卡中设置边框宽度为1px，边框颜色与对应的分支主题一致，边框类型为点线，边框弧度为大圆角，效果如图6-77所示。

图 6-77

Step 11 分别选中分支主题，在"插入"选项卡中单击"图标"下拉按钮，在弹出的面板中选择对应颜色的旗子图标，如图6-78所示。

图 6-78

Step 12 执行"文件"→"另存为/导出"→"PDF文件"命令，打开"导出为PDF文件"对话框，设置参数，如图6-79所示。完成后单击"导出"按钮即可导出PDF。至此，完成《陋室铭》思维导图的制作。

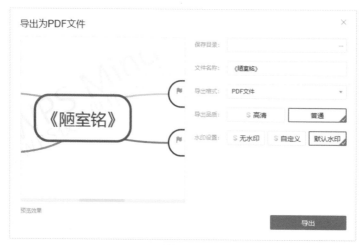

图 6-79

1. Q：WPS Office 中的思维导图保存在哪里了？

A：WPS Office中制作的思维导图默认保存在云文档中，用户在"首页"界面中选择"文档"选项卡，然后选择"我的云文档"选项，即可找到制作的思维导图，双击即可打开再次编辑。

2. Q：在 WPS Office 思维导图中对主题中的文字怎么换行？

A：双击主题中的文字进入编辑模式，移动光标至要换行的位置单击，按Shift+Enter组合键即可换行。用户也可以通过调整主题宽度自动换行。

3. Q：用 WPS Office 做的思维导图能否转换为 PPT？

A：制作完成思维导图后，在"开始"选项卡或"导出"选项卡中单击"脑图PPT"按钮，软件将自动打开"脑图PPT"对话框，并将思维导图转换成PPT，用户可以单击"更换风格"按钮替换不同的PPT风格，设置完成后单击"保存"按钮，打开"另存为"对话框设置存储路径及名称，单击"保存"按钮即可将思维导图转换为PPT。用户还可以打开导出的PPT进行编辑。

4. Q：WPS Office 中的格式刷 ⌐怎么用？

A：选中样本主题，单击"格式刷"按钮 ⌐，在要复制格式的主题上单击，即可应用格式刷样式，按Esc键或单击空白区域即可退出。

5. Q：XMind 中怎么设置渐变色主题效果？

A：在不选择任何对象的情况下，在"格式"面板"高级"选项卡中选择"渐变色效果"选项，即可使具有背景颜色的主题变为渐变色。

6. Q：亿图脑图 MindMaster 中怎么更改主题样式及连线样式？

A：选中要设置的主题，在"格式"面板中即可设置选中主题的形状属性、分支属性及文字属性。

第 7 章

好用的图片处理工具

图片是微课中非常实用的元素，在微课中添加图片素材可以使整体风格更加轻松自然，视觉效果也会更加突出。对于图片素材，用户可以通过屏幕截图获取，也可以自行拍摄。获取图片素材后，还可以通过不同的软件对图片进行处理，使其满足使用需求。

7.1 Snagit

Snagit是一款非常优秀的屏幕捕捉软件，该软件支持捕获图像、视频、文本等内容，同时支持编辑保存捕获的素材，方便微课的使用。

7.1.1 Snagit捕获

Snagit捕获功能通过捕获面板实现。打开Snagit软件，在其捕获面板中可以对要捕获的内容进行设置，如图7-1所示。

图 7-1

该面板包括"全部""图像"及"视频"3个选项卡。在"全部"选项卡中单击"捕获"按钮，既可以捕获视频也可以捕获图像；在"图像"选项卡中单击"捕获"按钮仅可以捕获图像及文字；在"视频"选项卡中单击"捕获"按钮可以捕获音频及视频。

1. 捕获图像

在利用"图像"选项卡捕获图像前，需对其"选择区域""效果"等选项进行设置，如图7-2所示。

图 7-2

该面板中部分选项作用如下。

- **选择**：用于设置捕获内容，包括区域、窗口、全屏幕等选项。
- **效果**：用于为捕获内容添加效果，默认为无。
- **分享**：用于设置分享对象，默认为无。
- **在编辑器预览**：开启该滑块，捕获内容后将打开编辑器预览。
- **复制到剪贴板**：开启该滑块，捕获内容将复制至剪贴板，在要粘贴的位置按Ctrl+V组合键即可粘贴。

- **录制鼠标**：开启该滑块，在捕获内容时可捕获鼠标。
- **时间延迟**：用于设置延迟捕获。
- **重置 ↻**：单击该按钮可重置捕捉设置为默认值。
- **捕获**：单击该按钮将开始捕获屏幕内容。
- **预设 ⚙ 预设**：用于显示或隐藏以前保存的捕获设置列表。
- **保存捕获设置为新的预设 ＋·**：用于将"捕获设置"设置为预设。
- **打开编辑器 ☑**：单击该按钮将打开编辑器。

设置完成后，单击"捕获"按钮，在弹出的捕获区域中按住鼠标左键拖曳选取要捕获的内容即可，如图7-3所示。其中高亮区域为捕获的内容。

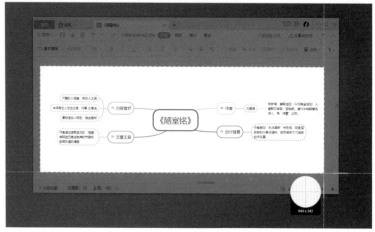

图 7-3

注意事项 当"选择"选项为全屏幕、菜单、剪贴板或文件时，不能通过单击或拖曳光标的方式来设置捕获区域。

单击"时间延迟"按钮 开 ﹥ ，可启动延迟捕获。在弹出的面板中可设置延迟时间，如图7-4所示。

图 7-4

"时间延迟"面板包括"延迟""间隔"和"计划"3个选项，这3个选项的用法分别如下。

- 选择"延迟"选项，设置延迟时间后单击"捕获"按钮，等倒计时完成后按住鼠标左键拖曳选择捕获区域即可。

- 选择"间隔"选项，设置时间后单击"捕获"按钮，设置捕获区域后软件将按照设置的时间间隔自动捕获图像。
- 选择"计划"选项，设置日期和时间后单击"捕获"按钮，设置捕获区域后软件将按照计划中的日期和时间捕获图像。

注意事项 选择"间隔"选项时，设置的时间不宜过短，以免软件持续捕获造成计算机负担。默认时间为5s。

2. 录制视频

切换到"视频"选项卡，在录制视频前，同样也需要设置好录制区域、麦克风设备和系统音频参数等，如图7-5所示。

图 7-5

该面板中部分选项作用如下。

- **摄像头：** 连接网络摄像头后，开启摄像头可同时录制屏幕和网络摄像头，制作画中画的效果。
- **录制麦克风：** 用于设置是否录制麦克风声音。
- **录制系统音频：** 开启该滑块，将录制计算机声音。

设置完成后单击"捕获"按钮，按住鼠标左键拖曳设置捕获区域，单击弹出面板中的"录制"按钮 ⬤，等倒计时完成后开始视频录制，如图7-6所示。

图 7-6

录制完成后单击"完成录制"按钮 ■ 即可完成录制；若中途想暂停录制，可以单击"暂停"按钮 ⏸，再次单击可继续录制。

7.1.2 Snagit编辑器

Snagit编辑器主要用于对捕获的内容进行编辑，如裁剪图像大小、添加注释文本、添加标记等，以使捕获的素材满足微课需要。

单击Snagit捕获面板中的"打开编辑器"按钮 ☑，即可打开Snagit编辑器，如图7-7所示。

图 7-7

1. 工具栏

通过工具栏中的工具可以为捕获的素材添加箭头、文本、标注等，如图7-8所示为Snagit工具栏。

图 7-8

其中，部分常用工具作用如下。

- **箭头** ↖：用于在捕获的素材上添加箭头指示重点。选择该工具后，在"属性"面板中选择要添加的箭头样式，在画布中按住鼠标左键拖曳即可绘制箭头。

- **文本** a：用于添加文字信息。选择该工具后在画布中按住鼠标左键拖曳绘制文本框，在文本框中输入文字即可。

- **标注** ●：用于添加标注。选择该工具后在"属性"面板中选择标注样式，在画布中按住鼠标左键拖曳绘制标注，然后输入文字即可。

- **形状** ▱：用于添加图形。选择该工具后在"属性"面板中选择要添加的形状，在画布中按住鼠标左键拖曳绘制即可。

- **图章** ▲：用于添加图章素材。选择该工具后在"属性"面板中选择要添加的图章样式，在画布中按住鼠标左键拖曳绘制即可。

- **移动** ✛：用于移动添加的对象。选择该工具后选择画布中添加的对象，按住鼠标左键拖曳移动即可。

- **选择** ▫：用于选取要编辑的对象或区域。

- **模糊** ◈：用于添加模糊或马赛克效果。

- **简化** ▦：用于简化素材。选择该工具后在"属性"面板中选择样式，然后在画布中按住鼠标左键拖曳即可。也可以选择该工具后开启"属性"面板中的"自动简化"按钮，软件将根据捕获对象自动生成对象覆盖背景文本及图像。

- **魔棒工具** ⭒：用于选择与单击处相似的颜色。选择该工具后在要选择的颜色上单击即可。

- **裁剪** ◹：用于裁剪素材。选择该工具后在画布中调整裁剪框，完成后单击"裁剪"按钮 ▭裁剪 即可。

- **剪切** ▦：用于删除图像中的部分水平或垂直区域。

- **铅笔** ∿：用于在捕获图像中添加手绘线条。

- **直线** ╲：用于在捕获图像中添加直线线段。

- **荧光笔** ✎：用于在捕获图像中添加半透明矩形。

- **步调** ♣：用于在捕获图像中添加序号。

  橡皮擦工具 ◆：用于擦除捕获图像。

- **放大** ⚲：用于放大选定的区域。

除了工具栏外，用户也可以执行"图像"→"工具"命令，在其子菜单中执行命令选择工具应用。

2. 最近文件

"最近文件"区域中放置着Snagit最近捕获的素材，单击即可切换选择。

3. 属性面板

选择工具后，可在"属性"面板中对工具进行设置。选择不同的工具，该面板中的选项也有所不同。

4. 效果面板

"效果"面板用于为捕获图像添加边框、透视、卷页效果，如图7-9所示。

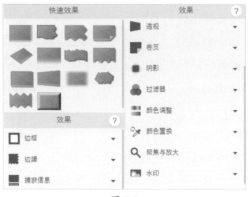

图 7-9

该面板中部分常用选项作用如下。

- **快速效果**：单击可快速为捕获的图像添加预设的效果。
- **边框** □：用于为捕获图像添加边框。单击该效果，在弹出的面板中可以设置边框的颜色及宽度。
- **边缘** ▓：用于为图像的一侧或多侧添加边缘效果。
- **透视** ▶：用于使图像在水平或垂直方向扭曲，产生透视的效果。
- **卷页** ◣：用于制作卷页效果。用户可以单击该效果，在弹出的面板中设置卷页的角。
- **阴影** ▬：用于为图像添加阴影效果。
- **过滤器** ♣：用于为图像添加滤镜效果。
- **颜色调整** ▤：用于调整图像颜色。
- **颜色置换** ✂：用于将图像中的一种颜色替换为另一种。
- **聚焦与放大** ◎：用于放大或缩小选择区域。
- **水印** ▨：用于添加水印。

5. 库面板

"库"面板中包括捕获的所有素材，用户可以根据需要进行搜索。

动手练 在捕获的图像中添加水印

下面以截取PowerPoint软件界面操作来介绍Snagit图像捕获、水印的添加、图像保存的具体方法。

Step 01 打开Snagit软件，在捕获界面中选择"图像"选项卡，保持默认设置参数，如图7-10所示。

图 7-10

Step 02 打开"实验模板.pptx"素材文件，单击Snagit捕获面板中的"捕获"按钮，移动光标至软件标题处，系统将自动选择整个界面窗口，如图7-11所示。

图 7-11

Step 03 单击，即可捕获软件界面。捕获后的图像将出现在"Snagit编辑器"面板中，如图7-12所示。

图 7-12

Step 04 选择"效果"面板，单击"水印"按钮，在弹出的面板中单击■按钮，在"打开"对话框中选择"水印.png"文件，单击"打开"按钮。在"水印"面板中，设置完成水印的位置和大小，单击"叠加"按钮，如图7-13所示。

图 7-13

Step 05 设置完成后，单击"应用"按钮，完成图像水印的添加操作，结果如图7-14所示。

图 7-14

Step 06 在菜单栏中执行"文件"→"另存为"命令，打开"另存为"对话框设置保存路径及名称，单击"保存"按钮，即可将捕获的图像保存在计算机中，如图7-15所示。至此，完成软件界面的捕获。

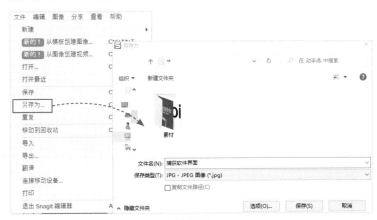

图 7-15

7.2 其他图片处理软件

在制作微课的过程中，除了使用Snagit处理图片外，用户还可以根据自身习惯使用Windows自带的软件或美图秀秀处理图片，以满足使用需求。

7.2.1 Windows截图和草图

截图和草图是Windows系统自带的截图及编辑软件。在"开始"菜单中单击"截图和操作"按钮 可将其打开，如图7-16所示。

图 7-16

此时该软件工作界面中没有任何内容。单击 新建 按钮，软件将进入截图界面，在上方菜单栏中选择图标确定截图形状，按住鼠标左键在需要截图的区域拖曳即可，如图7-17所示。

图 7-17

　　截图后的图片将自动出现在截图和草图软件中，通过上方工具栏中的按钮对截图进行编辑，如图7-18所示。

图 7-18

该软件中的部分按钮作用如下。

- **圆珠笔▽**：用于绘制平滑笔触。选择该工具后单击其下拉按钮，在弹出的面板中可以设置笔触的颜色及大小。
- **铅笔▽**：用于绘制类似铅笔的笔触。选择该工具后单击其下拉按钮，在弹出的面板中可以设置笔触的颜色及大小。
- **荧光笔▽**：用于创建类似荧光笔的效果。
- **橡皮擦△**：用于擦除绘制的内容。
- **标尺✐**：用于添加标尺辅助测量。复制或保存时标尺不可见。
- **图像裁剪✄**：用于裁剪图像。
- **缩放⊕**：用于调整图像显示比例。
- **另存为▤**：用于保存图像。
- **复制▯**：用于复制图像至剪贴板。

7.2.2　美图秀秀

美图秀秀是一款免费的影像处理软件。该软件易上手，且具备图片美化、人像美容、拼图、抠图等多种功能，使用方便。打开美图秀秀软件，如图7-19所示。

图 7-19

美图秀秀中部分常用功能如下。

- **美化图片**：用于对图像进行美化，如调整图像的色彩、细节，或添加绘画笔触、马赛克等。
- **人像美容**：用于美化人物，去除人物瑕疵。
- **贴纸饰品**：用于添加贴纸装饰画面。

- **拼图**：用于拼接多个图像。
- **抠图**：用于抠取图像中的部分内容。
- **证件照制作**：用于制作证件照。该功能通过手机小程序实现。
- **九格切图**：用于将图像分割为9格。

根据需要在主页中单击不同的功能按钮处理图像，也可以单击相应的选项卡添加照片进行处理。

以"美化图片"选项卡为例，选择"美化图片"选项卡，单击"打开图片"按钮，在"打开图片"对话框中选择图片后单击"打开"按钮，即可在美图秀秀中打开该图片，如图7-20所示。

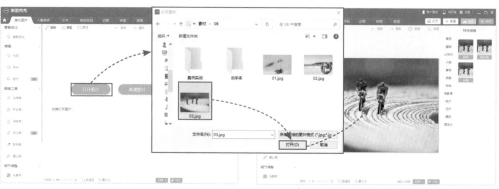

图 7-20

打开图片后，单击左侧列表中的按钮，在"设置"面板中设置具体的参数，即可调整图片效果，如图7-21所示。设置完成后单击"应用当前效果"按钮，即可应用设置的效果。

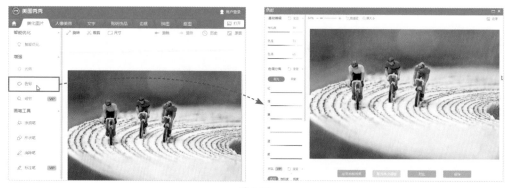

图 7-21

在微课教学中，常常会用到一些无背景的PNG素材，用户可以通过多种不同的方式抠取图像。下面结合美图秀秀抠图功能抠取图像背景。

Step 01 打开美图秀秀软件，选择"拼图"选项卡，单击"打开图片"按钮，打开"狐狸.jpg"素材文件，如图7-22所示。

图 7-22

Step 02 单击"智能抠图"按钮，软件将自动识别抠图，如图7-23所示。

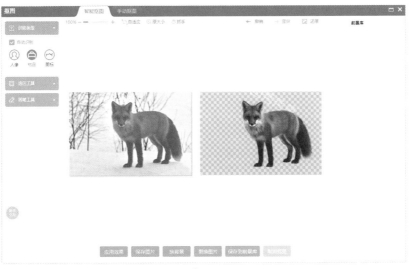

图 7-23

注意事项 若对识别的区域不满意，还可以使用选区工具增加或减少选区。

Step 03 单击"应用效果"按钮，应用抠图效果，如图7-24所示。

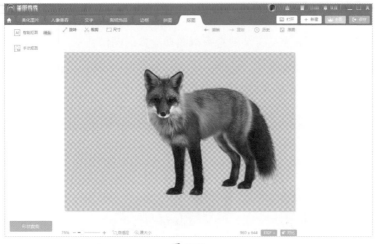

图 7-24

Step 04 单击右上角的 保存 按钮，在"保存"对话框中设置保存路径及格式、名称，单击"保存"按钮即可，如图7-25所示。至此，完成图像的抠取。

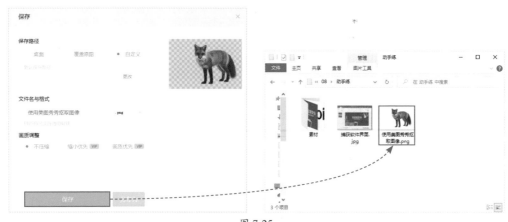

图 7-25

7.3 图片在线处理

目前，很多在线处理图片小工具已开发的很完善，没有Photoshop软件基础的人群利用这些工具也能够达到专业级的图片处理效果。常见的在线处理网站包括在线PS、Photokit等。

7.3.1 在线PS

在线PS网站操作界面和Photoshop软件非常类似，操作方法也大致相同。用户可以通过在线PS软件调整图像色调、尺寸等，还可以通过滤镜制作出更有趣的效果。

在搜索引擎中搜索"在线PS"关键字，即可搜索到其网站并进入网站界面，如图7-26所示。用户可以选择新建项目或打开已有的文档。

图 7-26

单击"从电脑中打开"按钮，在"打开"对话框中选择要打开的文件，单击"打开"按钮，即可在网页中打开已有的文档，图7-27所示为打开的PSD文档。

图 7-27

该网页中各部分作用分别如下。

● **菜单栏：** 该区域包括一些常见的命令菜单，用户可以单击菜单名称，在下拉菜单列表中执行命令进行操作，如保存、调整图像、添加滤镜等。

● **选项栏：** 用于设置当前选择工具的参数。

● **工具箱：** 工具箱中放置着大量工具，通过这些工具可以对图像作出选择、绘制、编辑、移动等操作，还可以设置前景色和背景色，从而帮助用户更好地处理图像。

- **图像编辑窗口**：该区域是绘制、编辑图像的主要场所。针对图像执行的所有编辑功能和命令都可以在图像编辑窗口中显示，用户可以通过图像在窗口中的显示效果来判断图像的最终输出效果。
- **面板组**：面板是Photoshop软件中最重要的组件之一，主要用于配合图像的编辑、设置参数等。

7.3.2　PhotoKit

PhotoKit是一款基于AI人工智能的在线图片编辑器，在抠图、修图上具有较大的优势。在搜索引擎中搜索"PhotoKit"关键字，即可搜索到其网站并进入网站界面，如图7-28所示。

图 7-28

向下滑动网页，单击"开始编辑"按钮，进入图片编辑器网页，如图7-29所示。

图 7-29

单击"打开图片"按钮，在"打开"对话框中找到要打开的图片，单击"打开"按钮，即可在网页中打开选中的图片，如图7-30所示。

图 7-30

单击底部的"AI抠图"按钮，网页将自动智能抠图，如图7-31所示。抠图完成后单击"应用"按钮，即可应用抠图效果。

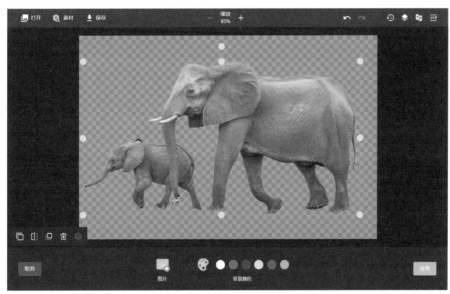

图 7-31

除了抠图外，PhotoKit还支持调整图像的色彩色调、增强画质，或添加滤镜、文本、背景等，单击底部按钮后根据提示操作即可。

案例实战：捕获并调整图像

本实例结合Snagit捕获面板及编辑器，捕获图像素材，并为其添加文本注释。

Step 01 打开Snagit捕获面板，选择"图像"选项卡，保持默认设置。打开"实验用具.jpg"素材文件。单击Snagit捕获面板中的"捕获"按钮，按住鼠标左键拖曳捕获图片，如图7-32所示。

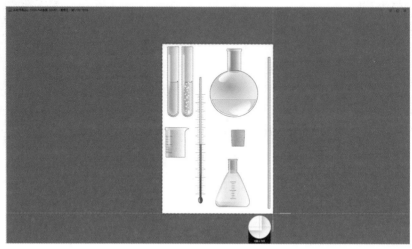

图 7-32

Step 02 在Snagit编辑器面板中，单击"更多"下拉按钮，在弹出的面板中选择"直线"工具＼，在"属性"面板中设置颜色为红色，并取消阴影，设置结束样式 ●－ 为圆点，调整厚度为5，在画布中按住鼠标左键拖曳绘制直线，如图7-33所示。

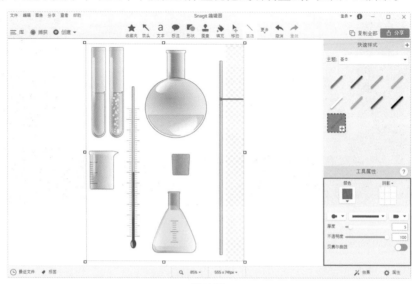

图 7-33

Step 03 使用相同的方法，继续绘制直线，如图7-34所示。

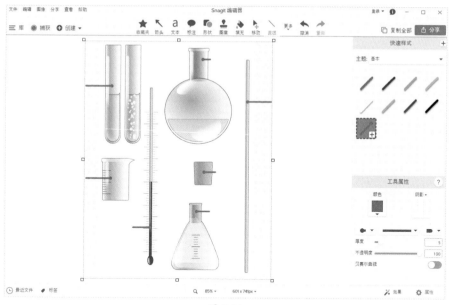

图 7-34

Step 04 选择工具栏中的文本工具，在"属性"面板中设置文字参数，完成后在画布中按住鼠标左键拖曳绘制文本框并输入文字，如图7-35所示。

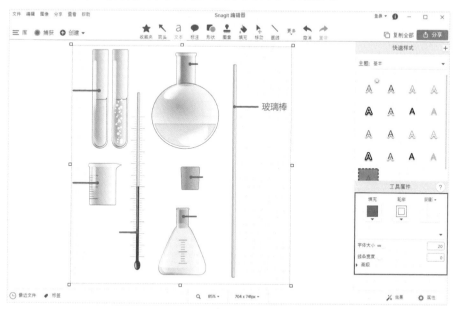

图 7-35

Step 05 使用相同的方法，继续输入其他文字，如图7-36所示。

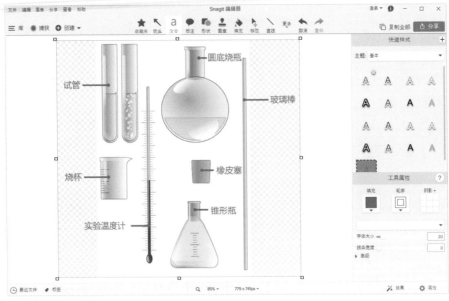

图 7-36

Step 06 执行"文件"→"保存"命令，打开"另存为"对话框设置保存路径及名称，完成后单击"保存"按钮，即可按照设置保存文件，如图7-37所示。至此，完成图像的获取及编辑。

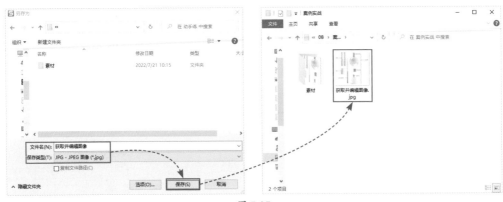

图 7-37

微课设计与制作标准教程（全彩微课版）

1. Q：Snagit 软件怎么捕获不规则区域图像？

　　A： 打开Snagit捕获面板，选择"图像"选项卡，单击"选择"下拉按钮，在弹出的列表中执行"高级"→"徒手"命令，单击"捕获"按钮，按住鼠标左键拖曳即可按照手绘路径捕获图像。

2. Q：Snagit 怎么捕获多区域图像？

　　A： 打开Snagit捕获面板，选择"图像"选项卡，单击"选择"下拉按钮，在弹出的列表中执行"高级"→"多区域"命令，单击"捕获"按钮，按住鼠标左键多次拖曳，完成后单击屏幕上方的"完成"按钮即可捕获多区域图像。

3. Q：Snagit 捕获的视频怎么剪切？

　　A： 捕获视频后，在Snagit编辑器中预览捕获的视频，分别拖动时间轴中的▬按钮和▬按钮，在弹出的面板中单击"剪切"按钮即可去除该段视频。

4. Q：Snagit 中怎么获取文本？

　　A： 在捕获面板"图像"选项卡中设置"选择"为"抓取文本"，单击"捕获"按钮捕捉图像后，图像将出现在编辑器中，等待抓取文本进度条完成后，即可在打开的"抓取文本结果"面板中看到提取的文本，单击"复制全部"按钮可复制提取的文字。

5. Q：按 Windows 徽标键 +Shift+S 组合键截图后，找不到截图文件？

　　A： 在不打开截图和草图软件的情况下，用户可以按Windows徽标键+Shift+S组合键截图。该方法截图后将自动把文件存储在剪贴板中，用户按Ctrl+V组合键粘贴即可。要注意的是，使用快捷键截图将不会自动打开截图和草图软件，用户可以单击右下角的提示打开截图和草图软件进行编辑。

6. Q：在线 PS 中怎么新建项目？

　　A： 打开在线PS网页，单击"新建项目"按钮，在弹出的新建项目面板中设置项目名称、尺寸、分辨率等参数后，单击"创建"按钮；或选择预设尺寸的文档后按Enter键创建；也可以单击模板文件新建项目。

第**8**章

微课视频录制工具

视频录制是微课制作的核心操作。选择好录屏工具，可以提升微课制作的效率。当然，市面上有许多好用的录屏工具，其中Camtasia录屏工具的使用率比较高，也是当前教师常用的录制工具。本章将重点对该录屏工具进行介绍，其中包括录制前的设置、录制后的基本剪辑操作等。

8.1　Camtasia Recorder录制视频

Camtasia是一套专业的屏幕录像软件，具有即时播放、视频编辑等功能，且支持输出AVI、MOV等多种格式，在视频教程制作、共享课程等领域应用广泛。该套软件中包括Camtasia Studio、Camtasia Recorder等多个软件，不同的软件可以满足不同的功能。

使用Camtasia Recorder即可录制微课视频。在录制之前，用户可以对录制区域、音视频、光标等进行设置，以满足微课需要。

8.1.1　录制前必要设置

在Camtasia Recorder工作界面中，可以设置录制区域的大小、视频及音频的录制选项等。

1. 设置录制区域

使用Camtasia Recorder录制微课视频之前，需要先设置录制尺寸。单击Camtasia Recorder工作界面，在录制区域中单击"Full Screen（全屏幕）"按钮，即可设置录制区域为全屏幕，如图8-1所示。

图 8-1

也可以选择单击"Custom（自定义）"按钮，在弹出的"大小"选项中设置具体的数值或单击"Select（选择）"按钮，在屏幕中按住鼠标左键拖曳确定录制区域，如图8-2所示。

图 8-2

2. 视频及音频设置

当计算机中安装了摄像头时，单击Camtasia Recorder设置区域中的"Camera（摄像头）"按钮，将打开摄像头，在录制屏幕动作的同时录制摄像头内容；当计算机中安装了麦克风时，单击设置区域中的"Audio（音频）"下拉按钮，在弹出的列表中可以选择录制麦克风声音或立体声混音，如图8-3所示。

图 8-3

知识点拨

> 若想进一步设置音频及视频效果，用户可以在音频下拉列表中选择"Options（选项）"选项或执行"Tools（工具）"→"Options（选项）"命令，打开"工具选项"对话框进行详细设置。

8.1.2 设置光标效果

Camtasia Recorder支持录制光标动作。执行"Effects（效果）"→"Cursor（光标）"命令，在其子菜单中执行命令，即可设置光标显示或隐藏，如图8-4所示。

图 8-4

"Cursor（光标）"子菜单中各命令的作用如下。

- **Hide Cursor（隐藏光标）：** 执行该命令，在录制时将隐藏光标效果。
- **Show Cursor（显示光标）：** 执行该命令，在录制时将显示光标效果。
- **Highlight Clicks（高亮点击）：** 执行该命令，在录制时将高亮显示点击。
- **Highlight Cursor（高亮光标）：** 执行该命令，在录制时将高亮显示光标。
- **Highlight Cursor & Clicks（高亮光标和点击）：** 执行该命令，在录制时将高亮显示光标和点击。

8.1.3 录制视频

录制前的准备工作完成后，单击"录制"按钮 ，倒计时结束后即可开始录制，如图8-5所示。

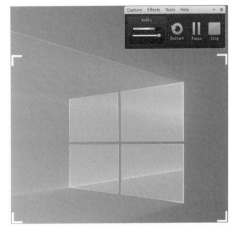

图 8-5

在录制时，录制区域四角的 将会闪烁，这表示录制正常；若单击"暂停"按钮暂停录制， 将会停止闪烁。录制完成后单击"停止"按钮，即可停止录制并打开"Preview（预览）"面板，如图8-6所示。

图 8-6

"Preview（预览）"面板中部分按钮的作用如下。

- **重新开始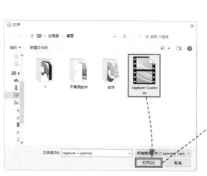**：单击该按钮将跳转至录制内容的起始位置。
- **播放/暂停**：单击该按钮将播放或暂停播放录制内容。
- **跳转到结尾**：单击该按钮将跳转至录制内容的结尾处。
- **保存**：单击该按钮将打开"Camtasia Recorder"对话框保存录制内容。
- **删除**：单击该按钮将删除录制内容。
- **编辑**：单击该按钮将打开"Camtasia Recorder"对话框保存录制内容，同时打开Camtasia Stidio软件对录制内容进行编辑。
- **生成**：单击该按钮将打开"Camtasia Recorder"对话框保存录制内容，同时打开Camtasia Stidio软件中的"生成向导"对话框，以将录制内容生成不同的格式。

知识点拨

使用Camtasia Recorder录制屏幕时，按F9键可开始录制或暂停录制；按F10键将结束录制。

8.2 Camtasia Studio编辑视频

视频录制结束后，通常需要对其进行剪辑加工，使其结构更加合理。利用Camtasia Studio就可以实现这一操作。

8.2.1 编辑视频片段

1. 导入媒体

在Camtasia Studio工作界面中执行"文件"→"导入媒体"命令或按Ctrl+I组合键，在"打开"对话框中选择要导入的媒体文件，单击"打开"按钮，即可将选中的对象导入至剪辑箱中，如图8-7所示。

图 8-7

选择任务列表中的"导入媒体"选项，同样可以打开"打开"对话框导入媒体文件。此外，还可将媒体文件直接拖曳至剪辑箱中。

双击剪辑箱中的视频，可在"视频预览"窗口中预览视频。

2. 增加或删除视频片段

剪辑视频时，需要根据微课内容增加或删除视频片段，从而使视频结构更加合理。选中剪辑箱中的素材将其拖曳至时间轴中，在"方案设置"对话框中设置尺寸参数后，单击"确定"按钮即可将素材放置在时间轴中，如图8-8所示。

图 8-8

注意事项 只有置入第一个视频时会打开"方案设置"对话框设置尺寸参数。

在时间轴中添加多个视频时，可以选中视频，将其拖曳至所需位置，从而调整其播放顺序。若想删除时间轴中多余的视频片段，选中后按Delete键即可删除。

3. 修剪媒体

时间轴工具栏中的"剪切选区"按钮✂和"分割"按钮▣▣可以修剪媒体文件。

（1）剪切选区

在时间轴上按住鼠标左键拖动播放指针▽，选择好要剪掉的区域，单击✂按钮即可删除该段时间段中的媒体，如图8-9所示。

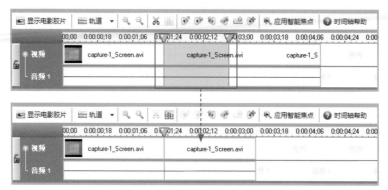

图 8-9

（2）分割

在时间轴上拖动播放指针，确定好视频位置，单击 ▦ 按钮可将选中的视频分割为两段，如图8-10所示。

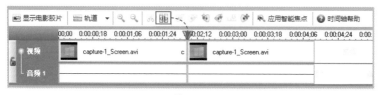

图 8-10

8.2.2 添加字幕

字幕可以使视频内容更加清晰易懂。执行"编辑"→"字幕"命令，打开"打开标题"面板，此时时间轴中将自动出现"标题"轨道，如图8-11所示。

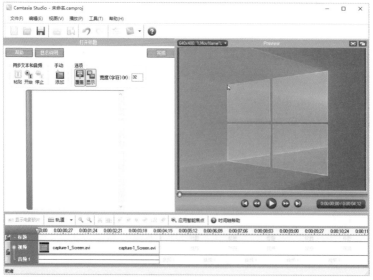

图 8-11

该面板中部分常用按钮作用如下。

- **粘贴**：单击该按钮可将音频脚本粘贴进脚本文本框。
- **开始**：单击该按钮可以以音频开始同步音频脚本。
- **添加**：单击该按钮可手动在脚本文本框中添加脚本。
- **覆盖**：选中该按钮可使添加的字幕覆盖在视频上。
- **显示**：选中该按钮可显示添加的字幕。
- **宽度（字符）**：用于设置字幕文字大小，数值越大，文字越小。

在时间轴上指定好播放指针位置，单击"打开标题"面板中的"添加"按钮，在脚本文本框中添加标题点并输入文字；重新定位播放指针的位置，单击"添加"按钮，继续添加标题点输入文字，如图8-12所示。

图 8-12

重复添加标题点并输入文本，直至完成字幕的添加，单击"完成"按钮，即可添加字幕。

8.2.3　添加片头片尾图片

视频中的片头片尾可以起到前后呼应的作用，使视频更加整洁规范。选择文件夹中的片头片尾图片，直接拖曳至时间轴的开始及结尾处即可，如图8-13所示。

图 8-13

　　添加的图片素材默认时长为5s，右击时间轴，在弹出的快捷菜单中选择"图像持续时间"选项，打开"图像持续时间"对话框，可重新设置素材持续时间，如图8-14所示。

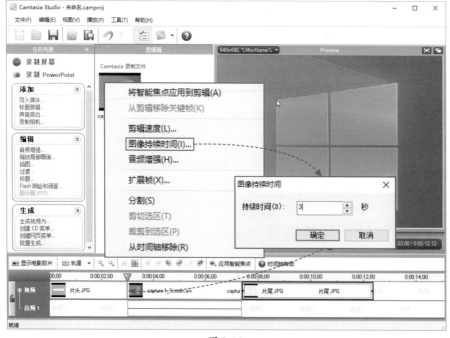

图 8-14

8.2.4 增加视频转场特效

视频转场可以使素材片段之间的切换更加顺滑。执行"编辑"→"过渡"命令，打开"过渡"面板，此时时间轴变为电影胶片。在"过渡"面板中选择过渡效果将其拖曳至两个视频片段之间 ➡️，即可添加视频过渡效果，如图8-15所示。

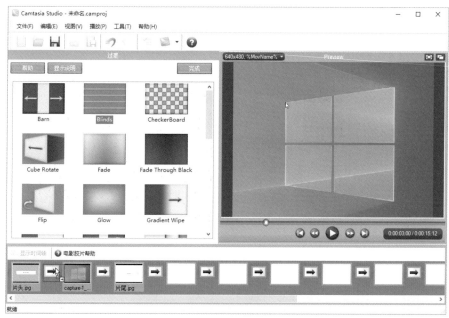

图 8-15

单击"完成"按钮，转场效果出现在时间轴中，如图8-16所示。

图 8-16

若想更改转场效果，可右击时间轴的转场，在弹出的快捷菜单中选择"更改过渡效果"选项，在其子菜单中选择新的转场效果即可。

动手练 编辑录制视频

下面利用Camtasia Studio功能，对录制的视频进行编辑加工操作。

Step 01 打开Camtasia Studio软件，执行"文件"→"导入媒体"命令，打开"打开"对话框，将"PR闪屏效果.camrec"视频导入至剪辑箱，如图8-17所示。

图 8-17

Step 02 在剪辑箱中将该视频拖曳至时间轴中，在"方案设置"对话框中选择"录制尺寸"选项，单击"确定"按钮，如图8-18所示。

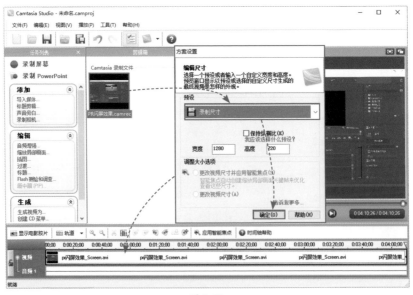

图 8-18

微课设计与制作标准教程（全彩微课版）

Step 03 按空格键播放预览视频，在时间轴时上按住鼠标左键拖动播放指针至合适位置，选择要删剪的区域，单击 ✂ 按钮即可删除，如图8-19所示。

图 8-19

Step 04 使用相同的方法，继续剪切多余素材，如图8-20所示。

图 8-20

Step 05 选中"片头.JPG"素材文件，将其拖曳至时间轴起始位置，同时将"片尾.JPG"素材拖曳至时间轴末端，如图8-21所示。

图 8-21

Step 06 执行"编辑"→"过渡"命令，打开"过渡"面板。选择"Fade（逐渐消失）"效果，并将其拖曳至时间轴➡按钮处，为其添加视频过渡效果，如图8-22所示。单击"完成"按钮应用效果。

图 8-22

Step 07 执行"编辑"→"字幕"命令，打开"打开标题"面板，设置"宽度（字符）"为45。此时时间轴中将自动出现"标题"轨道。双击打开"字幕脚本.txt"素材文件，全选文字并将其复制，在"打开标题"面板中单击"粘贴"按钮🔲，粘贴文字，如图8-23所示。

图 8-23

Step 08 移动至第1行文字，单击"开始"按钮 ，根据音频内容单击相应的文字行，添加标题点同步脚本字幕，如图8-24所示。

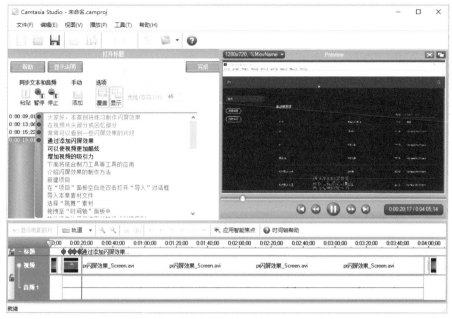

图 8-24

Step 09 重复操作，直至同步所有字幕，如图8-25所示。

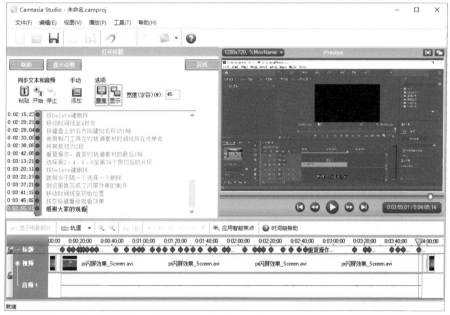

图 8-25

Step 10 单击"打开标题"面板中的"完成"按钮应用字幕，如图8-26所示。至此，完成录制视频的编辑。

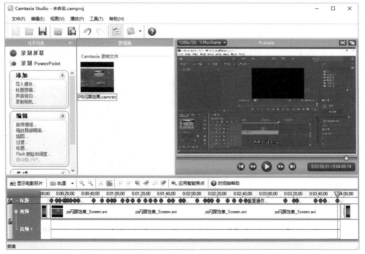

图 8-26

8.3 视频导出

将视频导出为不同的格式可以方便后续的传输与播放。用户可以通过Camtasia Studio软件将视频输出为AVI、MOV等多种格式。

8.3.1 生成视频为

视频编辑完成后，单击任务列表中的"生成视频为"按钮，打开"生成向导"对话框选择预设，完成后单击"下一页"按钮，设置输出格式，如图8-27所示。

图 8-27

微课设计与制作标准教程（全彩微课版）

继续单击"下一页"按钮，设置所选格式的编码选项，完成后单击"下一页"按钮，设置要生成的视频大小，如图8-28所示。

图 8-28

单击"下一页"按钮，设置视频选项，在该页中可以选择添加水印效果；完成后继续单击"下一页"按钮，设置标记选项，如图8-29所示。

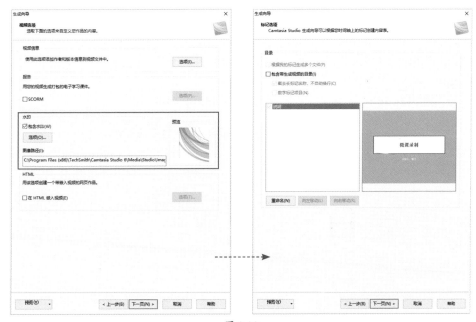

图 8-29

单击"下一页"按钮，设置输出文件的名称及存储路径等信息，单击"完成"按钮，等待进度条完成后即可将视频输出为设置的格式。打开Camtasia Player播放器，可预览导出的视频，如图8-30所示。

图 8-30

■8.3.2　批量生成

单击任务列表中的"批量生成"按钮，打开"批量生成-选择文件"对话框，单击"添加文件/方案"按钮打开"选择批量生成的文件和方案"对话框，选择要批量生成的对象，单击"打开"按钮返回至"批量生成-选择文件"对话框，选中的文件即出现在对话框中，如图8-31所示。

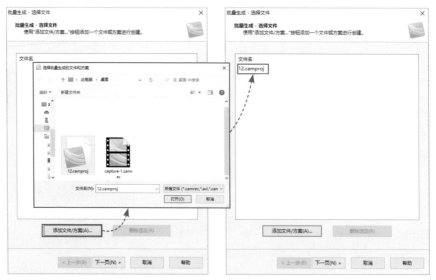

图 8-31

单击"下一页"按钮,选取预设文件,单击"下一页"按钮,设置输出文件夹,如图8-32所示。单击"完成"按钮,稍等片刻即可生成视频。

图 8-32

在"批量设置-配置文件选项"对话框中,用户可单击"预设管理器"按钮,打开"管理产品预设"对话框,单击"编辑"按钮将打开"产品预设向导"对话框设置产品预设,如图8-33所示。该对话框与"生成向导"对话框类似,根据提示按照步骤设置即可。

图 8-33

编辑微课视频后，可将视频输出为其他格式，方便与其他软件衔接。下面结合生成向导等知识，对视频的导出进行介绍。

Step 01 打开保存的"编辑录制视频.camproj"文件，单击任务列表中的"生成视频为"按钮，打开"生成向导"对话框选择默认预设，完成后单击"下一页"按钮，设置输出格式为"AVI视频"，如图8-34所示。

图 8-34

Step 02 单击"下一页"按钮，保持默认设置，单击"下一页"按钮，选中"自定义大小"单选按钮，设置尺寸与录制尺寸一致，如图8-35所示。

图 8-35

Step 03 单击"下一页"按钮，勾选"包含水印"复选框，单击"选项"按钮，打开"水印"对话框设置参数，如图8-36所示。单击"确定"按钮返回至"生成向导"对话框。

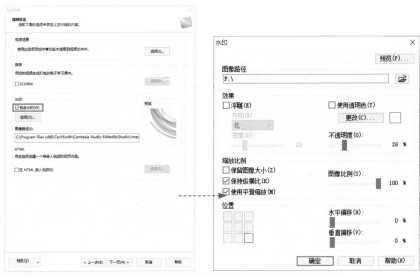

图 8-36

Step 04 单击"下一页"按钮，保持默认设置，继续单击"下一页"按钮，设置输出文件的名称及存储路径等信息，如图8-37所示。

图 8-37

Step 05 单击"完成"按钮，稍等片刻即可将视频输出为设置的格式。在打开 Camtasia Player预览播放器中可预览视频效果，如图8-38所示。

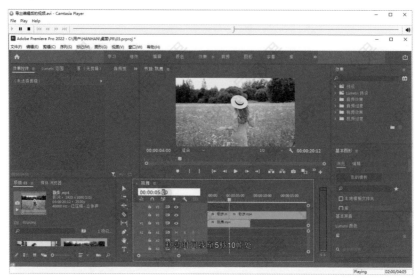

图 8-38

8.4 其他常用录屏工具

除了Camtasia录制工具外，用户还可根据个人习惯选择其他一些常用的录屏工具，如oCam屏幕录像软件、EV录屏、ScreenToGif等。

8.4.1 oCam屏幕录像软件

oCam屏幕录像软件是一款非常简洁的录屏软件。该软件支持录制音/视频、捕获屏幕，同时支持输出MP4、AVI、MOV等多种格式，如图8-39所示为oCam工作界面。

图 8-39

oCam"屏幕录制"选项卡中各按钮作用如下。

- **录制** ：单击该按钮，将开始录制屏幕。
- **屏幕捕获** ：用于捕获录制区域内的屏幕内容。
- **录制区域** ：用于设置录屏或捕获的尺寸。单击该按钮，在弹出的列表中可以选择预设的尺寸。用户也可以在屏幕中按住鼠标左键拖曳录制区域控制点调整其大小。
- **打开** ：单击该按钮，将打开录制内容存储文件夹。
- **编码** ：用于选择保存格式。

●**声音**🎤：用于选择录制时的声源。

除了录制屏幕外，oCam支持录制游戏及单独的音频，选择相应选项卡设置即可。

8.4.2　EV录屏软件

EV录屏是一款专业的桌面录屏软件，该软件既可以录制屏幕，也可以进行在线直播。同时在录制屏幕时，EV录屏软件支持同步显示按键、使用画笔等，如图8-40所示为EV录屏工作界面。

在EV录屏"常规"选项卡中单击"本地录制"按钮，设置录制区域及录制音频后单击"开始/暂停"按钮，等待倒计时完成后即可开始录制，如图8-41所示。

图 8-40

图 8-41

录制完成后，可按Ctrl+F2组合键或单击悬浮球中的"停止"按钮■结束录制。录制的视频将出现在"列表"选项卡中，单击"更多"按钮⊙，在弹出的列表中可对视频进行重命名、更改存储位置等操作，如图8-42所示。

图 8-42

知识点拨

　　单击EV录屏中的"设置"按钮⚙，打开"设置"对话框，选择"录屏设置"选项卡可以设置视频帧率、文件格式及默认存储路径等。

案例实战：录制并编辑输出微课视频

　　本案例利用Camtasia录制工具来录制Photoshop软件操作，其中包括录制视频、编辑视频以及视频导出等操作。

　　Step 01 启动Camtasia Recorder工具，单击"Custom（自定义）"按钮，设置好录制尺寸大小，如图8-43所示。

图 8-43

　　Step 02 单击设置区域中的"Audio（音频）"下拉按钮，在弹出的列表中选择"立体声混音"选项，如图8-44所示。

图 8-44

　　Step 03 执行"Effects（效果）"→"Cursor（光标）"→"Highlight Cursor & Clicks（高亮光标和点击）"命令，设置录制时鼠标和点击高亮显示，如图8-45所示。

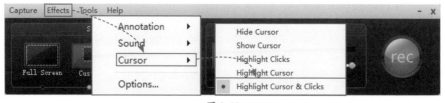

图 8-45

　　Step 04 单击"录制"按钮 ，倒计时结束后开始录制。启动Photoshop软件，导入文件"女孩.jpg"素材。按照需求对当前图片进行处理操作。例如，复制背景图层、调整其混合模式为"滤色"、调整不透明度等，如图8-46所示。

图 8-46

Step 05 操作完成后，单击"停止"按钮，停止录制并打开"Preview（预览）"面板，预览视频效果，如图8-47所示。

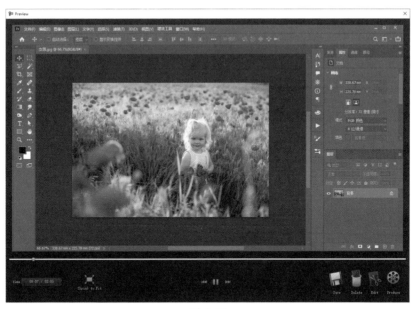

图 8-47

Step 06 单击"Save（保存）"按钮，将录制的文件保存至合适位置。双击在Camtasia Studio工具打开录制的视频，并将其拖曳至时间轴中。在"方案设置"对话框中选择"录制尺寸"选项，单击"确定"按钮将素材放置在时间轴中，如图8-48所示。

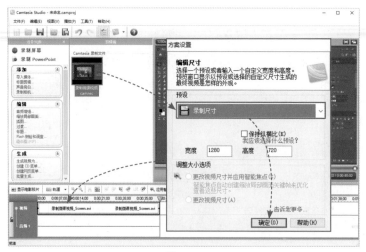

图 8-48

Step 07 按空格键播放视频，并设置好要裁剪掉的区域，单击 ✂ 按钮删除该段时间段中的媒体，如图8-49所示。

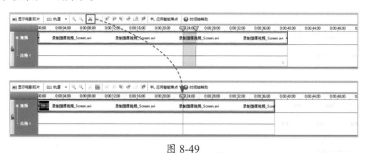

图 8-49

Step 08 将"片头.JPG"素材拖曳至时间轴起始处，将"片尾.JPG"素材拖曳至视频的末端，如图8-50所示。

图 8-50

Step 09 执行"编辑"→"过渡"命令，打开"过渡"面板，将"Fade（发光）"效果拖曳至片段之间，如图8-51所示。单击"完成"按钮应用效果。

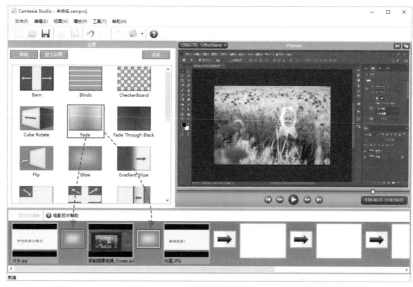

图 8-51

Step 10 执行"编辑"→"字幕"命令，打开"打开标题"面板，设置"宽度（字符）"为50。打开并复制"脚本.txt"素材，单击"打开标题"面板中的"粘贴"按钮粘贴脚本，如图8-52所示。

图 8-52

Step 11 单击"开始"按钮 ，根据视频内容单击相应的文字行，添加标题点同步脚本字幕，直至同步所有字幕，如图8-53所示。单击"打开标题"面板中的"完成"按钮应用字幕。

图 8-53

Step 12 单击"生成视频为"按钮，打开"生成向导"对话框选择默认预设，单击"下一页"按钮，设置输出格式为"AVI视频"，如图8-54所示。

图 8-54

Step 13 单击"下一页"按钮，保持默认设置，单击"下一页"按钮，选中"自定义大小"单选按钮，设置尺寸与录制尺寸一致，如图8-55所示。

图 8-55

Step 14 单击"下一页"按钮，勾选"包含水印"复选框，单击"选项"按钮，打开"水印"对话框设置参数，如图8-56所示。单击"确定"按钮返回至"生成向导"对话框。

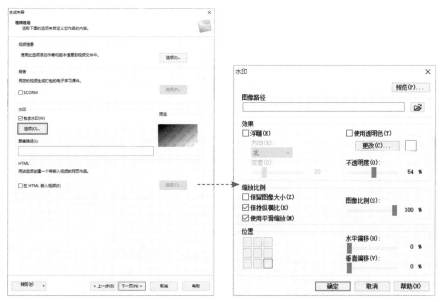

图 8-56

Step 15 单击"下一页"按钮，保持默认设置，单击"下一页"按钮，设置输出文件的名称及存储路径等信息，如图8-57所示。

图 8-57

Step 16 单击"完成"按钮，稍等片刻即可将视频输出为AVI格式。打开Camtasia Player播放器可预览视频内容，如图8-58所示。至此，Photoshop操作视频制作完成。

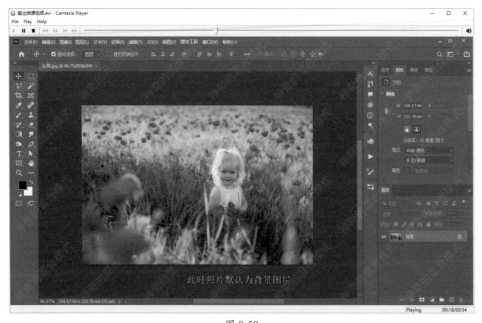

图 8-58

新手答疑

1. Q: 使用 Camtasia Recorder 录制视频时,没有麦克风选项,为什么?

A: 若想录制麦克风音频,需要在设备上外接麦克风,Camtasia Recorder会自动检测到接入的麦克风并提供相应的选项。

2. Q: 使用 Camtasia Recorder 录制时,中间可以暂停吗?

A: 可以的,在录制过程中按F9键或单击"暂停"按钮均可暂停录制。要注意的是,暂停录制时,录制区域四角的将会停止闪烁,用户可以根据闪烁情况,判断是否正在录制,以免影响录制效果。

3. Q: 录制的视频有杂音怎么办?

A: 在Camtasia Studio中单击任务列表中的"音频增强"按钮,在"音频增强"面板中单击"移除噪音"按钮,等待状态条变为绿色后单击"确定"按钮即可。

4. Q: 在 Camtasia Studio 中怎么提高音量?

A: 单击时间轴面板中的"增大音量(25%)"按钮即可提高音量;单击"减少量(25%)"按钮可减少音量。要注意的是,提高音量不宜过高,以免产生系统杂音。

5. Q: 在 Camtasia Studio 中怎么添加背景音乐?

A: 单击时间轴面板中的 轨道 按钮,在弹出的列表中选择"音轨2"选项或"音轨3"选项,将背景音乐随素材拖曳至打开的音轨上,并调整音量大小即可。

6. Q: 打开保存的 Camtasia Studio 文档时,显示无法找到文件,怎么解决?

A: Camtasia Studio文档中的素材以链接的形式出现在文档中,当文档丢失或者移动时,就会出现这种问题。文件移动时,在弹出的"请指定新位置"对话框中找到移动的文件即可。

7. Q: oCam 屏幕录像软件怎么设置录制内容的存储位置?

A: 在oCam屏幕录像软件工作界面中执行"菜单"→"选项"命令,打开"设置"对话框选择"保存"选项卡,设置"保存路径"及"文件名"即可。

第 9 章

音频/视频剪辑工具

声音和视频是微课视频非常重要的元素。音频和视频分别
作用于观众的感官系统，让观众更容易沉浸在课堂中，从而提
高学习效率。本章将介绍一些常用的音频和视频剪辑工具，方
便用户对音频或视频素材进行修剪操作。

9.1 音频录制与编辑软件

声音在微课视频中起着独一无二的作用。微课视频通过声画作用于人的感官系统，使视觉和听觉完美融合，同时声音还可以对微课内容进行注解，使观众更易沉浸在学习氛围中。

在录制微课时，除了现场收音外，还可以通过后期配音的方式加载旁白，从而减少杂音，获得更优质的音质效果。常用的录音软件有Windows录音机等，音频编辑软件有闪电音频剪辑软件、Audition等。

9.1.1 绘制思维导图

Windows系统自带的录音机功能使用起来非常方便。在"开始"菜单中找到并单击"录音机"按钮 即可将其打开，单击"录制"按钮 或按Ctrl+R组合键开始录制，如图9-1所示。

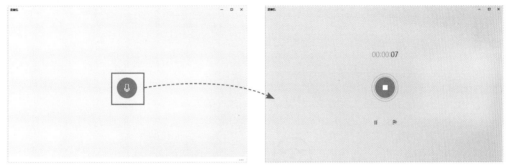

图 9-1

录制完成后，单击"停止录音"按钮 停止录音。录制的声音将自动存储在默认位置并出现在列表中，如图9-2所示。

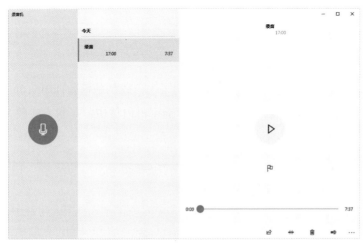

图 9-2

该界面中部分选项作用如下。

- **标记▷：** 用于在当前时间添加标记辅助定位。
- **剪裁↔：** 用于去除录音的开头或结尾部分。单击该按钮，拖动滑块设置剪裁部分的开端和结尾，单击"保存"按钮▣，即可去除剪裁部分之外的内容，并更新原文件或新建副本。
- **删除▯：** 用于删除选中的音频片段。
- **重命名✎：** 用于更改选中音频的名称。
- **查看更多⋯：** 单击该按钮，在弹出的列表中可以设置麦克风选项或打开文件位置。

▌9.1.2 闪电音频剪辑软件

闪电音频剪辑软件是一款使用非常便捷的音频剪辑软件，该软件支持剪辑多种音频格式，操作简单，可以轻松实现音频的编辑操作，如图9-3所示为该软件工作界面。

图 9-3

在文件夹中选中要剪辑的音频素材，拖曳至闪电音频剪辑软件中即可导入素材，如图9-4所示。导入音频素材后，在软件工作界面中可以剪切、复制、截取音频片段，也可以为选中的音频部分添加淡入淡出等效果。

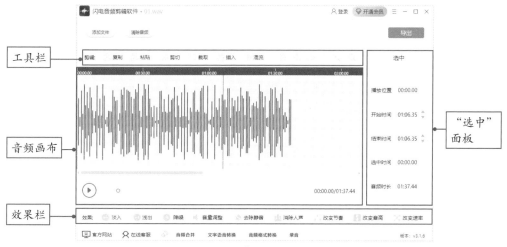

图 9-4

1. 选中音频

在对音频进行操作之前,需要先选中要编辑的音频片段。可直接利用鼠标框选所需音频波形图范围,也可在"选中"面板中输入具体的数值来精确定位音频,如图9-5所示。

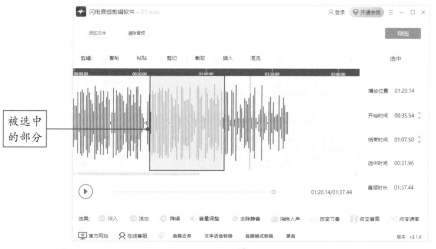

图 9-5

2. 剪辑音频

音频剪辑操作主要是通过工具栏和音频画布来实现的。选中音频片段后,在工具栏中单击相应的按钮,即可进行复制、剪切、截取等操作。

知识点拨

单击工具栏中的"混流"按钮 ,在"混流"对话框中添加音频后单击"确定"按钮可以合并音频,制作混音效果。

3. 添加效果

单击效果栏中的按钮可以选中音频片段添加效果，如淡入淡出、降噪等。

4. 导出音频

音频处理完成后，单击"导出"按钮，在"导出"对话框中设置好音频名称、导出格式、输出目录等信息，单击"确定"按钮即可将音频输出至指定位置，如图9-6所示。

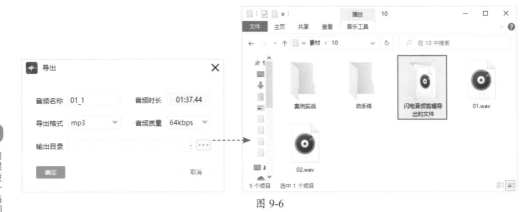

图 9-6

注意事项 在不开通会员的情况下使用闪电音频剪辑软件导出音频，默认会带有软件前奏。

9.1.3　音频在线剪辑工具AudioMass

AudioMass是一个免费免注册的在线音频编辑器。在搜索引擎中搜索"AudioMass"关键字，即可搜索到其网站并进入网站界面，如图9-7所示。

图 9-7

微课设计与制作标准教程（全彩微课版）

将音频文件拖曳至该网页窗口，即可打开音频文件，如图9-8所示。选中某一音频片段，通过执行菜单栏中的相关命令，可添加效果，或对音频进行剪辑。

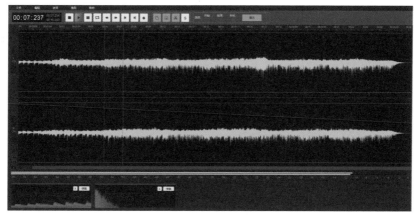

图 9-8

完成后，执行"文件"→"导出/下载"命令，在弹出的面板中设置导出格式、导出名称等参数，单击"导出"按钮，在"新建下载任务"对话框中单击"下载"按钮即可，如图9-9所示。

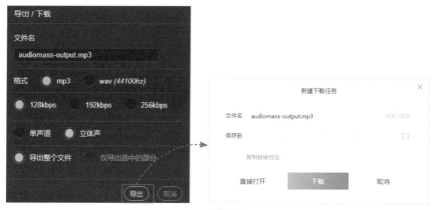

图 9-9

9.2　视频剪辑软件

微课录制结束后，用户可利用一些方便快捷的短视频剪辑软件来对微课进行包装宣传。市面上好用的视频剪辑软件有很多，选择一款自己比较顺手的软件来操作即可。

9.2.1　Windows自带视频编辑器

Windows视频编辑器是Windows系统自带的视频编辑软件。在"开始"菜单中找到并单击"视频编辑器"按钮，即可将其打开，如图9-10所示。

图 9-10

  单击"新建视频项目"按钮,在"为视频命名"对话框中设置视频名称,单击"确定"按钮,可新建一个剪辑视频。将视频素材拖曳至"项目库"面板,并添加至"故事板"面板中,即可在预览区域中预览添加的视频,如图9-11所示。

图 9-11

在"故事板"面板中选择视频素材，单击工具栏中的工具可以剪裁、拆分视频，或为视频添加文本、动作、滤镜等操作。

以剪裁视频为例，选中视频，单击"剪裁"按钮，进入编辑界面指定开始 ▮ 与结束 ▮ 滑块的位置，如图9-12所示。单击"完成"按钮即可剪裁掉两个滑块之间的内容。

图 9-12

剪裁后，单击"完成视频"按钮，在弹出的面板中保持默认设置，单击"导出"按钮，在"另存为"对话框中设置文件名称、存储路径及保存类型即可，如图9-13所示。

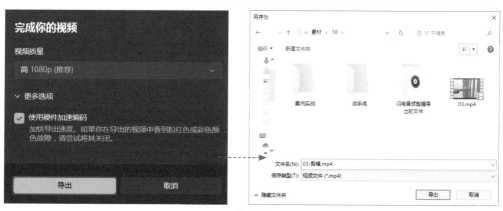

图 9-13

注意事项 Windows自带的视频编辑器虽然使用起来比较简单，但是功能相对也比较少，如果对剪辑的要求不高，可以选择该软件使用。

9.2.2 剪映专业版

剪映是近几年使用较为普遍的一款剪辑软件，上手难度小且功能强大，适合没剪辑基础的用户使用。打开剪映专业版软件，单击"开始创作"按钮 ，即可进入其工作界面，如图9-14所示。

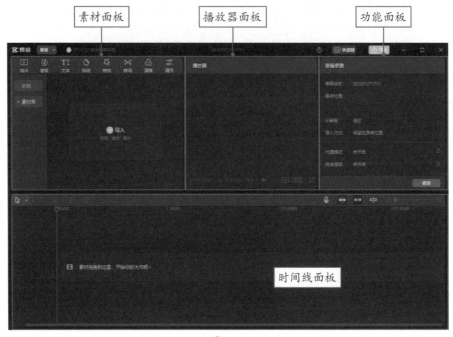

图 9-14

其中，各面板作用分别如下。

- **素材面板**：该面板中放置着导入的本地素材以及丰富的线上素材库，用户可以根据需要选择选项卡添加相应的素材。
- **播放器面板**：用于预览视频。
- **功能面板**：选中"时间线"面板中的素材，在该面板中可以调整素材的画面效果、播放速度等。
- **时间线面板**：用于简单的素材编辑，如剪裁、分割等。

1. 导入或添加素材

在素材面板的"媒体"选项卡中选择"本地"选项，单击"导入"按钮或直接从文件夹中拖曳素材至该面板中即可导入素材，如图9-15所示。选中导入的视频，将其拖曳至"时间轴"面板，即可添加至时间轴轨道中。

图 9-15

　　单击"素材库"按钮，会显示出各种各样的素材元素，例如转场片段、故障动画、片头片尾、综艺片段、绿布素材等，如图9-16所示。选中一款素材，单击"添加到轨道"按钮 可将其加载至时间轴轨道中。

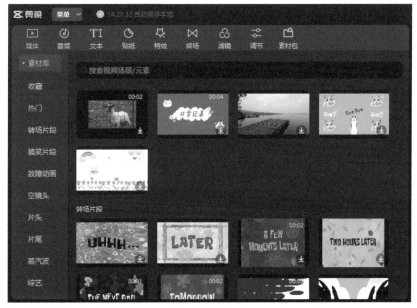

图 9-16

　　除了媒体素材外，在素材面板中还预设了海量的音频、文本模板、贴纸、特效、转场、滤镜、调节等资源，用户可以选择相应的选项卡添加素材或效果。

2. 剪辑素材

将素材添加至时间轴轨道中，选中素材，通过"时间轴"面板上方的工具按钮对加载的素材进行编辑，如图9-17所示。

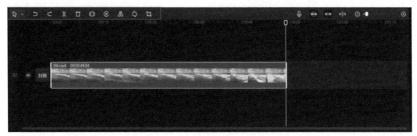

图 9-17

该面板中部分常用按钮作用如下。

● **分割**：单击该按钮，可在当前时间线所在处分割选中的素材。

● **删除**：单击该按钮，将删除选中的素材。

● **定格**：单击该按钮，将在当前时间线所在处分割选中的素材并插入一个3s的定格画面。

● **倒放**：单击该按钮，将倒放选中的素材。

● **镜像**：单击该按钮，将水平翻转选中对象的素材画面。

● **旋转**：单击该按钮，将以顺时针方向90°旋转选中的素材画面。

● **裁剪**：单击该按钮，在弹出的"裁剪"对话框中可以裁剪并旋转选中的素材。

在右侧功能面板中可以对素材的画面、速度、效果等选项进行详细设置，如图9-18所示。

（1）画面

"画面"选项卡主要用于设置选中素材的画面效果，该选项卡中包括基础、抠像、蒙版、背景4个部分，其中各部分作用分别如下。

● **基础**：用于设置选中素材的位置、缩放、旋转角度及混合模式等。若素材中包括人像，还可以设置人像美颜。

● **抠像**：用于抠取图像的部分区域。

● **蒙版**：用于为选中素材添加蒙版，制作局部遮挡或局部显示效果。用户可以选择预设的蒙版形状进行设置。

● **背景**：用于为选中素材添加背景效果。

图 9-18

（2）变速

"变速"选项卡主要用于调整视频播放速度。该选项卡包括常规变速和曲线变速两部分，其作用分别如下。

- **常规变速**：用于整体调整视频播放速度。
- **曲线变速**：用于在素材中设置不同的播放速度，制作更丝滑的视频效果。

（3）动画

"动画"选项卡主要用于为选中素材添加动画效果，包括入场动画、出场动画及组合动画3部分，其作用分别如下。

- **入场**：用于添加并设置入场动画。
- **出场**：用于添加并设置出场动画。
- **组合**：用于添加并设置组合动画。

（4）调节

"调节"选项卡主要用于调整素材画面的色彩色调，包括基础、HSL及曲线3部分，其作用分别如下。

- **基础**：用于设置画面的基础色彩，如色温、饱和度、亮度、对比度等。也可以为素材画面添加锐化、颗粒、暗角等效果。
- **HSL**：通过调整素材不同颜色的色相、饱和度及亮度调整色彩效果。
- **曲线**：通过曲线调整素材色彩效果。

3.导出视频

视频编辑完成后，单击右上角的"导出"按钮，在"导出"对话框中设置名称、存储位置、格式等参数，单击"导出"按钮即可，如图9-19所示。

图 9-19

9.2.3　快剪辑

快剪辑是一款功能齐全、操作简单的视频剪辑软件。该软件支持剪辑视频，同时提供了音乐、音效、贴图等多种资源，方便使用。如图9-20所示为该软件专业模式工作界面。

图 9-20

将文件夹中的视频拖曳至"添加剪辑"界面中，此时在时间轴视频轨道中就加载了该视频。选中视频后，通过"时间轴"面板中的工具按钮可对视频进行分割、复制、添加贴图标记、添加二维码等操作。也可以通过工作界面中不同的选项卡来为视频添加音频、音效、转场、滤镜等。

处理完成后，单击"保存导出"按钮，在"开始导出"界面中设置好保存路径、文件格式等选项，如图9-21所示。单击"开始导出"按钮，在"填写视频信息"对话框中设置视频信息。单击"下一步"按钮，稍等片刻即可导出视频。

图 9-21

动手练 调整视频色调 ——————————————————————————————————•

拍摄微课视频时，受光线等环境因素影响，偶尔会得到不是特别满意的
素材。下面结合剪映专业版的应用来对视频色调进行调整操作。

Step 01 启动剪映专业版软件，单击"开始创作"按钮 ，进入其工作
界面，并将"水.mp4"视频文件拖曳至软件中，如图9-22所示。

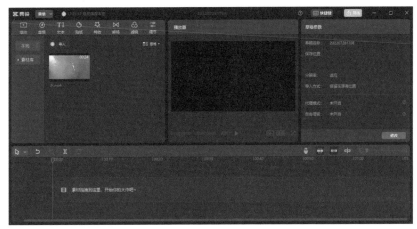

图 9-22

Step 02 按住鼠标左键拖动视频至"时间轴"面板，如图9-23所示。

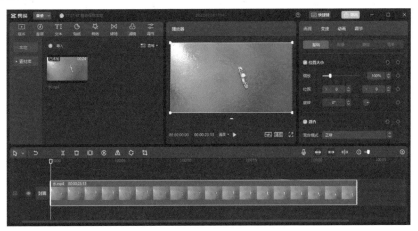

图 9-23

Step 03 在"时间轴"面板中选择视频，在右侧功能面板中选择"调节"选项卡，
调整参数，如图9-24所示。

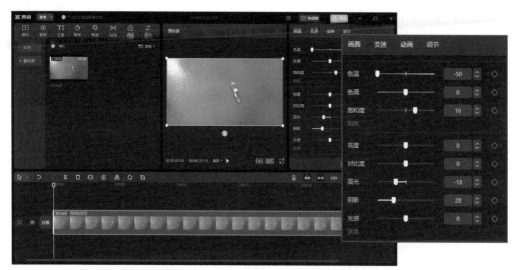

图 9-24

Step 04 将HSL先设为绿色，调整其色相、饱和度及亮度；然后选择浅蓝色，设置其色相、饱和度及亮度；最后选择蓝色，设置其色相、饱和度及亮度，如图9-25所示。

Step 05 此时，播放器面板中的效果如图9-26所示。

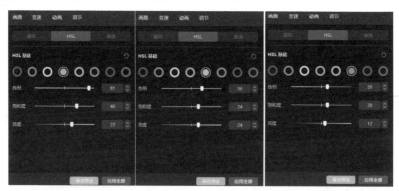

图 9-25

图 9-26

微课设计与制作标准教程（全彩微课版）

Step 06 单击右上角的"导出"按钮，在"导出"对话框中设置名称、存储位置、格式等参数，如图9-27所示。单击"导出"按钮导出视频。

至此，完成视频色调的调整，对比效果如图9-28所示。

图 9-27

图 9-28

9.3 音/视频格式转换工具

使用录制或下载的素材制作微课时，可以通过格式转换工具转换素材格式，以便与其他软件衔接使用。

9.3.1 格式工厂

格式工厂是一款优秀的格式转换软件，该软件支持几乎所有类型的多媒体格式，可以帮助用户轻松转换素材格式，图9-29所示为格式工厂工作界面。

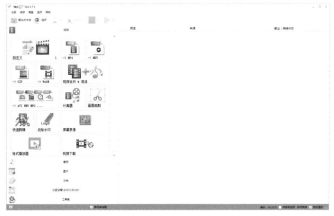

图 9-29

在格式工厂界面中选择要输出的格式，打开相应的输出对话框，如图9-30所示。

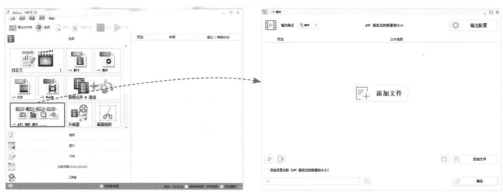

图 9-30

单击"添加文件"按钮添加要转换格式的素材文件，单击"选项"按钮打开相应的对话框设置素材参数，如图9-31所示。

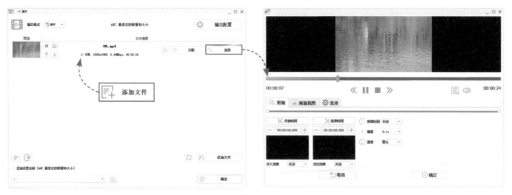

图 9-31

设置后单击"确定"按钮返回至"输出"对话框。设置输出位置后，单击"确定"按钮。单击"开始"按钮 ▶开始 ，等待进度条完成即可。

9.3.2　万兴优转

万兴优转是一款专业的音视频格式转换软件，支持转换多种音视频格式，图9-32所示为万兴优转工作界面。

图 9-32

选择"转换"选项卡，将素材文件拖曳至"转换"选项卡空白处，导入素材文件设置目标文件信息，如图9-33所示。单击"转换"按钮，等待进度条完成即可。

图 9-33

动手练 将MP4视频转换为AVI视频

根据使用方向的不同，可以将素材转换为不同的格式。下面结合格式工厂的应用，对视频格式的转换进行介绍。

Step 01 打开格式工厂软件，单击视频列表中的"→AVI WMV MPG …"按钮，打开"→AVI"对话框，如图9-34所示。

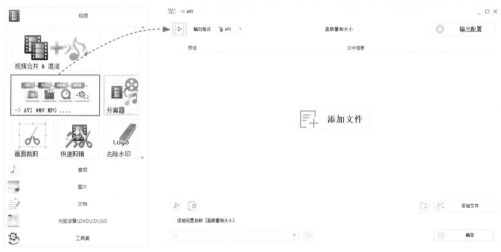

图 9-34

第9章 音频\视频剪辑工具

205

Step 02 单击"添加文件"按钮 ，打开"请选择文件"对话框，选择要打开的文件，单击"打开"按钮添加文件，如图9-35所示。

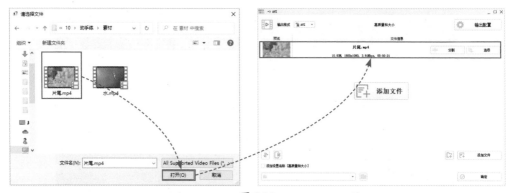

图 9-35

Step 03 单击"→AVI"对话框底部的"输出文件夹"按钮 设置输出位置，单击"确定"按钮，返回至工作界面，如图9-36所示。

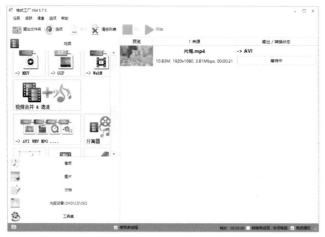

图 9-36

Step 04 单击"开始"按钮，稍等片刻即将视频输出为AVI格式，如图9-37所示。

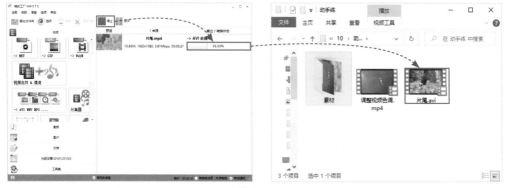

图 9-37

案例实战：剪辑微课视频

使用剪辑软件剪辑视频时，偶尔会出现剪辑出的微课视频格式不符合要求的情况。下面结合视频剪辑软件及格式转换软件的应用，对微课视频的进行剪辑与输出操作。

Step 01 打开剪映专业版软件，单击"开始创作"按钮进入其工作界面，将"PS下雨效果.mp4""片头.jpg"及"片尾.jpg"等素材拖曳至软件中，如图9-38所示。

图 9-38

Step 02 将视频素材拖曳至时间轴轨道中，并将"片头""片尾"素材文件分别放置在视频开始及结尾处，如图9-39所示。

图 9-39

Step 03 将播放指针定位至1、2段素材间，在素材面板中选择"转场"选项卡，将"叠化"转场效果添加至其中。在功能面板中设置其持续时间为2s，并单击"应用全部"按钮，应用转场至其他素材之间，如图9-40所示。

图 9-40

Step 04 在素材面板中选择"文本"选项卡，选择"智能字幕"选项，单击"识别字幕"中的"开始识别"按钮识别视频中的人声，完成后视频轨道上方将出现文字轨道，如图9-41所示。

图 9-41

Step 05 选中所有文字素材，在功能面板"文本"选项卡中设置参数，如图9-42所示。

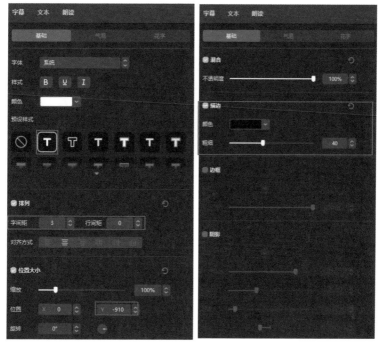

图 9-42

Step 06 此时播放器面板中的效果如图9-43所示。

图 9-43

图 9-44

Step 08 单击右上角的"导出"按钮，在"导出"对话框中设置名称、存储位置、格式等参数，如图9-45所示。单击"导出"按钮导出视频。

图 9-45

Step 09 打开格式工厂软件，单击视频列表中的"→AVI WMV MPG …"按钮，打开"→AVI"对话框。

Step 10 单击"添加文件"按钮，打开"请选择文件"对话框，选择本案例保存的文件，单击"打开"按钮添加文件，如图9-46所示。

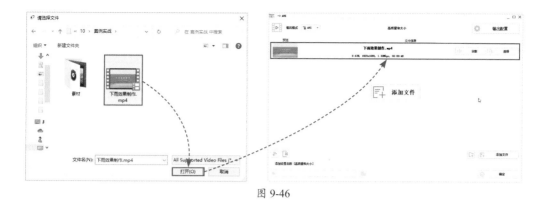

图 9-46

Step 11 单击"→AVI"对话框底部的"输出文件夹"按钮 设置输出位置，单击"确定"按钮，返回至格式工厂工作界面，如图9-47所示。

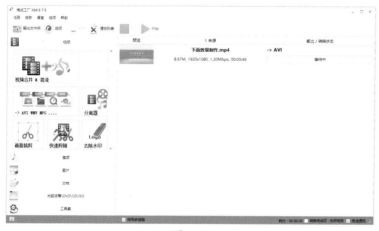

图 9-47

Step 12 单击"开始"按钮，稍等片刻即可将视频输出为AVI格式，如图9-48所示。

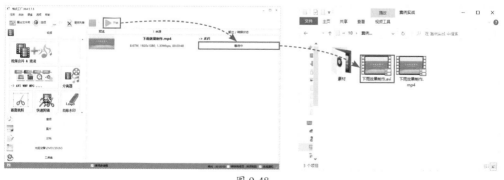

图 9-48

1. Q: 闪电音频剪辑软件中，怎么设置播放选中的音频片段？

　　A： 在音频画布中的音频波形图中，按住鼠标左键拖曳选择音频片段，单击"播放"
按钮 ⊙ 即可。若此时音频属于播放暂停状态，需要单击"停止"按钮　停止播
放后再单击"播放"按钮 ⊙。

2. Q: 常用的音频格式有哪些？

　　A： 常用的音频格式包括MP3、WAV、FLAC、M4A等，不同的音频格式适用不同
的使用环境。其中，MP3格式可以大幅降低音频数据量且较少地损耗音质，适
用于移动设备的存储和使用；WAV是最早的音频格式，音质好，但占用存储空
间也较大；FLAC是一种无损音频压缩编码，可用于还原音乐光盘音质；M4A是
MPEG-4音频标准的文件的拓展名，Windows自带录音机录制音频格式即为M4A。

3. Q: 剪映中怎么添加滤镜？

　　A： 选择素材面板中的"滤镜"选项卡，拖曳滤镜至素材上方即可；也可以拖曳
滤镜至素材上方轨道中新建滤镜层，上方的滤镜层可影响该轨道下方的轨道
效果。

4. Q: 关键帧是什么？怎么添加？

　　A： 帧是影像动画中最小单位的单幅影像画面，关键帧是具有关键动作的帧，同一
属性中两个不同的关键帧之间就可以形成动画效果。选中素材，在功能面板中
单击相应属性右侧的 ◆ 按钮即可在当前播放指针处添加关键帧，移动播放指针
再次添加该属性关键帧并调整参数，即可在两个关键帧之间创建动画效果。

5. Q: 剪映有什么快速添加字幕的方法吗？

　　A： 插入音频后，选择素材面板中的"文本"选项卡，选择"智能字幕"选项，单
击"识别字幕"中的"开始识别"按钮即可。

6. Q: 格式工厂怎么批量转换格式？

　　A： 打开格式工厂选择要输出的格式，单击"添加文件"按钮添加文件，或单击
"添加文件夹"按钮 ⊡ 添加整个文件夹，单击"确定"按钮，在格式工厂工作界
面单击"开始"按钮，等待进度条完成即可。

第 10 章

热门App在
微课制作中的应用

微课制作并不仅仅局限在计算机上，利用手机端软件也可制作微课。与计算机制作相比，手机端制作时间以及地点不受限制，可随时随地进行操作。在使用移动端制作的过程中，还可以更好地观察微课在手机端显示的效果，做出更符合手机端观看的微课视频。

微课具有较高的普及性，在教学活动中深受教师及学生的喜爱。录制微课时，除了使用计算机等拍摄设备外，还可以使用手机、iPad等设备进行拍摄或录制。

▌10.1.1　手机自带屏幕录制工具

手机自带的屏幕录制工具可以方便地录制屏幕内容。以华为手机为例，下拉手机首页，打开手机"控制中心"界面，点击"屏幕录制"按钮，在弹出的界面中点击"知道了"按钮，即可开始录制，如图10-1所示。

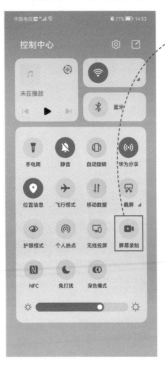

图 10-1

在使用手机自带的屏幕录制工具时，"麦克风" 麦克风 的文字为蓝色则为打开状态，可录制麦克风声音；该文字为白色则为关闭状态，仅录制系统声音。录制完成后点击"停止"按钮▣可结束录制。

> **知识点拨**
>
> 手机自带的屏幕录制工具录制的视频默认存储在手机相册中。不同手机品牌的屏幕录制工具应用有所不同，用户可以根据自身手机特点进行录制。

▍10.1.2　WPS Office录制网课

手机端WPS Office除了用于查看文档、表格、PPT等内容外，还可用于录制课件内容。打开任意一个PPT课件，在下方工具栏点击"工具"按钮，在弹出的界面中选择"特色功能"选项卡，点击"录制网课"按钮，即可进入播放模式，等待倒计时完成后开始录制，如图10-2所示。

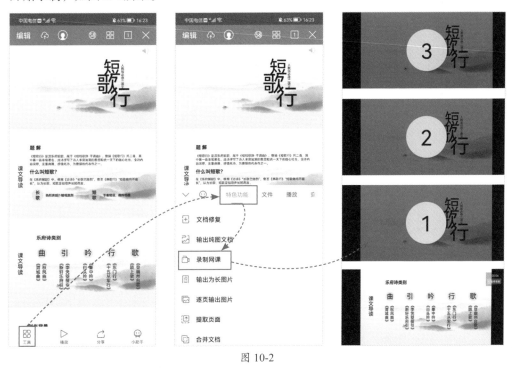

图 10-2

此外，在播放课件时，点击屏幕中心，在弹出的界面中点击右上角"录制"按钮，等待倒计时完成开始录制，如图10-3所示。

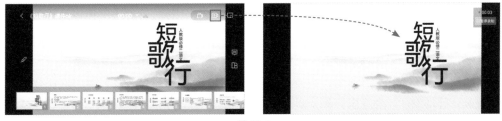

图 10-3

录制过程中，点击屏幕中心，在弹出的界面中根据需要点击标记按钮可标注课件中的重点内容，如图10-4所示。

215

图 10-4

该界面中部分常用按钮作用如下。

● **激光笔** ◎：点击该按钮，可在课件中模拟激光笔的效果。

● **画笔** ⬠：点击该按钮，可模拟画笔效果在课件中绘制线条。再次点击该按钮，在弹出的面板中可以调整画笔的颜色及线条粗细。

● **荧光笔** ⬠：点击该按钮，可模拟荧光笔效果在课件中绘制线条。再次点击该按钮，在弹出的面板中可以调整画笔的颜色及线条粗细。

● **橡皮** ◇：点击该按钮，在绘制内容上点击可删除绘制内容。

● **上一页/下一页** ‹ ›：用于控制课件翻页。用户也可以在播放时点击屏幕的左右两端翻页。

● **暂停录制** ⏸暂停录制：点击该按钮，可暂停录制。在弹出的列表中还可选择保存视频或退出录制。

▌10.1.3 屏幕录制大师

屏幕录制大师是一款简单方便的手机录屏软件，使用该软件可以轻松地录制手机屏幕上的内容。打开屏幕录制大师软件，点击右下角的"录制"按钮 ▣◀，在弹出的列表中选择合适的分辨率，倒计时完成后开始录制，如图10-5所示。

此外，点击该软件悬浮窗，在弹出的界面中点击"开始录制"按钮 ●，选择合适的分辨率，等待倒计时完成后开始录制。录制完成后单击"停止"按钮 □，即可结束录制并保存视频，如图10-6所示。

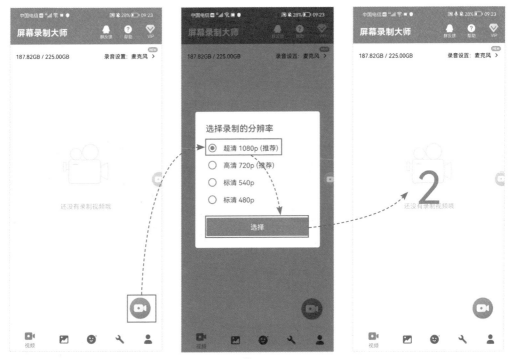

图 10-5

图 10-6

屏幕录制大师同时支持对录制的视频进行编辑操作。在主页点击要编辑的视频，并点击右上角的"更多"按钮，选择"编辑"选项即可进入视频编辑界面。在这里可选择界面下方编辑工具来对当前视频进行一系列编辑操作，如图10-7所示。编辑完成后点击"保存"按钮即可保存视频。

图 10-7

10.2　视频编辑App

　　视频编辑App可以轻松地处理录制的微课视频内容，使微课的制作更加简单方便。

10.2.1　畅片

　　畅片是一款简单实用的移动端视频剪辑软件。用户既可以使用该软件自定义剪辑，也可以通过软件中的模板一键出片。

　　打开畅片App，点击"自由剪辑"按钮，在弹出的相册界面中选择素材文件，点击"下一步"按钮，进入剪辑界面进行剪辑即可，如图10-8所示。

　　剪辑完成后点击"完成"按钮，在弹出的列表中选择合成视频的分辨率，等待进度条完成后即可将视频导出至相册，如图10-9所示。

图 10-8

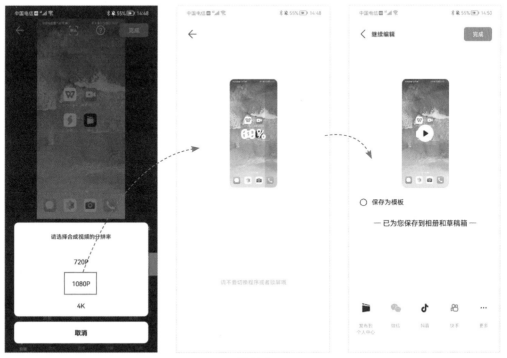

图 10-9

10.2.2 秒剪

秒剪是微信官方出品的视频制作App，操作简单，效果丰富，同时支持模板一键制作。打开秒剪软件，点击"做视频"按钮，选择"从相册选取视频或照片"选项，打开相册界面选择素材文件，点击"完成"按钮，等待分析进度条完成后进入剪辑界面进行剪辑即可，如图10-10所示。

图 10-10

剪辑完成后点击"保存"按钮，等待进度条完成后即可将编辑后的视频保存至相册。

10.3　手机投屏App

投屏技术可以实现手机、平板等移动设备与计算机、电视等设备的无线连接，并达到同步显示的效果，是微课教育领域非常实用的一种技术。通过投屏技术，用户可以更好地展示微课内容，达到事半功倍的效果。

10.3.1　手机自带无线投屏

目前大部分手机都自带无线投屏功能，可以方便简单地进行投屏操作。以华为手机为例，打开计算机设置面板，选择系统中的"投影到此电脑"选项并设置开启，打开控制中心界面，点击"无线投屏"按钮，手机将开始搜索大屏设备，在搜索到的设备列表中选择对应的大屏设备名称，即可投屏，如图10-11所示。

注意事项 手机自带无线投屏需要手机与计算机或电视处在同一网络下。

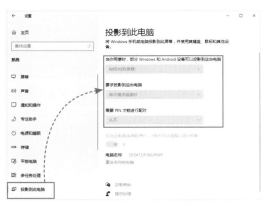

图 10-11

10.3.2　乐播投屏

乐播投屏是一款专业的投屏软件，该软件支持手机、计算机、电视三屏互联，且不同网络也可轻松连接。

以手机向计算机投屏为例，在手机及计算机上同时下载乐播投屏软件，打开计算机端软件，选择"接收投屏"选项卡，打开手机端软件，点击搜索到的设备列表中要投屏的设备，在弹出的允许对话框中点击"允许"按钮。在电脑端弹出的"提示"对话框中单击"允许"按钮，即可打开"乐播播放器视频"进行投屏，如图10-12所示。

此时，手机上的一切操作都会通过"乐播播放器视频"投屏在计算机中。

注意事项 乐播视频计算机端体验时间仅为10min。

图 10-12

要结束投屏时，点击手机端中的"结束投屏"按钮或直接关闭乐播播放器视频即可。

1. Q: WPS Office 录制课件时怎么跳页数播放？

A: 在WPS Office中播放课件时，在屏幕中心点击，在弹出的界面中左右滑动下方的幻灯片预览列，找到要跳转的页面后点击即可。

2. Q: WPS Office 录制课件时会把选择画笔的过程录进去吗？

A: 不会。录制课件时，仅会保留画笔绘制的过程及结果。

3. Q: WPS Office 录制课件时找不到弹出的画笔工具列怎么办？

A: 录制课件时，在屏幕中心点击，在弹出的界面中点击左侧的按钮，即可弹出画笔工具列。

4. Q: 屏幕录制大师中怎么开启前摄像头？

A: 选择"我的"选项卡，点击"录屏设置"选项，在其界面中开启"摄像头"选项。用户也可以在录屏时点击悬浮窗，在弹出的选项中点击"工具"按钮，在弹出的面板中开启"摄像头"选项即可。

5. Q: 屏幕录制大师中怎么压缩视频？

A: 选择"工具"选项卡，点击"视频压缩"按钮，选择视频后进行压缩即可改变视频存储大小。

6. Q: 畅片 App 怎么设置画幅比例？

A: 使用畅片剪辑视频时，点击界面上方的"默认"按钮，在弹出的选项中点击选择合适的画幅比例即可。

7. Q: 秒剪 App 中怎么去除片尾？

A: 打开秒剪软件，选择"我的视频"选项卡，点击右上角的"设置"按钮，在"设置"界面中点击"片尾"选项，进入"片尾"界面关闭"添加片尾"选项即可。

8. Q: 乐播投屏软件手机投屏至电脑时画质不好怎么办？

A: 打开手机端乐播投屏软件，选择"我的"选项卡，点击"设置"选项，进入"设置"界面选择"镜像设置"选项，选择"画质优先"选项即可。